Oliver La Farge

Die Welt der Indianer

**Otto Maier
Verlag
Ravensburg**

Seite 1: Ein Tänzer der Hundegesellschaft vom Stamm der Hidatsa im Jahre 1834.

Rechts: Ein Totempfahl von der Prince-Rupert-Insel

Erstmals 1977 in den Ravensburger Taschenbüchern

Dieses Buch stützt sich auf „A pictorial History of the American Indian"

von Oliver La Farge. Veröffentlicht von Crown Publishers, Inc.

© Copyright 1956 by Oliver La Farge und Crown Publishers, Inc.

© Copyright 1960 by Golden Press, Inc. All rights reserved, including

the right of reproduction in whole or in part in any form.

Veröffentlicht auf Grund eines Übereinkommens mit Western Publ., Racine/USA.

Deutsche Bearbeitung, unter Verwendung der Übersetzung von

Mathilde Oberndörfer, von Hanna Bautze

Umschlagentwurf: Kirsch & Korn

Gesamtherstellung: Carlino, Bologna

Printed in Italy

5 4   81

ISBN 3-473-39400-9

Verena
Fischer

Inhalt

BELLA BELLA
KWAKIUTL
NOOTKA
COMOX
MAKAH
QUILEUTEN
QUINAIELT
CHEHALIS
TWANA
TILLAMOOK
YAQUINA
ALSEA
SIUSLAW
UMPQUA
TUTUTNI
TOLOWA
WIYUT
YUROK
KAROK
WAILAKI
MATTOLE
KATO
YUKI
POMO
WAPPO
MIWOK
COSTANOANE
SALINANE
CHUMASH
SERRANO
GABRIELENO
LUISENO
DIEGUENO
LAGUNA
COCOPA

BELLA COOLA
CHILKAT
SHUSWAP
LILLOOET
COWICHAN
THOMPSON
LUMMI
METHOW
SKAGIT
SALISH
CHEMAKUM
NISQUALLI
COWLIT
CHINOOK
WASCO
MOLALA
KALAPOOIA
KLAMATH
MODOC
SHASTA
HUPA
ACHOMAWI
YANA
WINTUN
MAIDU
WASHO
MONO
YOKUT
CAHUILLA
CHEMEHUEVI
WALAPAI
YAVAPAI
MOHAV
MARICOPA
PIME
YUMANE

SARSI
BLACKFEET
GROS VENTRE
PLAINS CREE
BLOOD
PIEGAN
OKINAGE
KUTENAI
WASH.
KALISPEL
SPOKAN
COEUR
D.ALENE
PEND D'OREILLES
PALOUSE
NEZ
PERCE
CAYUSE
UMATILLA
YAKIMA
KLIKITAT
ORE.
IDAHO
BANNOCK
PLATEAU
FLACHKOPFINDIANER
SHOSHONE
TAKELMA
GROSSES
PAVIOTSO
GOSIUTE
UTE
BECKEN
PAIUTE
KERN
RIVER
UTAH
UTE
NEV.
CALIF.
KALIFORNIEN
NORDWESTKÜSTE

BLACKFEET
GROS VENTRE
ARAPAHO
KRÄHENINDIANER
N.D.
DA
HIDATSA
TETON
DAKOTA
MANDAN
S.D.
SUTAIO
ARIKARA
Missouri R.
MONT.
KIOWA
APACHEN
COMANCHEN
WYO.
HOHE
PONCA
OMAHA
NEB.
WESTLI
PAWNEE
KANSA
COLO.
KANS.
PADUCAH
OKLA.
JICARILLA
APACHEN
TANOANE
NAVAHO
KERE
HOPI
ZUNI
WICHITA
TAWAKONI
N.M.
KICHAI
COYOTERO
APACHEN
MIMBRENO
APACHEN
MESCALERO
APACHEN
LIPAN APACHEN
TEXAS
TONI
PAPAGO
SÜDWESTEN
Rio Grande
COCHIM
SERI
OPATA
COAHUILTECO
NEVOME
TARAHUMARE
YAQUI
CONCHO
TOBOSO
MAYO
TEPEHUANE
KA
ACAXEE
NAHUATL
ZACATECO
PAME
CORA
HUICHOL
TAMAULIPECO
WAICURI
EBENEN

ARAPAHO
KRÄHENINDIANER
TUNAHE
HOHE
WESTLI
EBENEN

ESKIMO

CREE

MONTAGNAIS

MALECITE

ME. PASSAMA-QUODDIE

MICMAC

WALDLANDJÄGER

CHIPPEWAY

ALGONKIN

ABNAKI PENOBSCOT

OTTAWA

VT.

PENNACOOK

N.H. MASSACHUSET

POCOMTUC

HURONEN

MOHAWK

ONEIDA

N.Y. ONONDAGA

MASS. WAMPANOAG

IROKESEN

TABACCO NATION

CAYUGA

SENECA

PEQUOTE

NARRAGANSET

MENOMINEE

SAC UND FOX

WINNEBAGO

POTAWATOMI

NEUTRAL

ERIE

PA.

MUNSEE

CONN. MOHEGAN

R.I.

NORD OSTEN

N.J. MONTAUK

ASSINIBOIN

SANTEE

DAKOTA

WIS.

MICH.

DELAWARE

OHIO

SUSQUEHANNA

MD. NANTICOKE

DEL.

KICKAPOO

IOWA

ILL.

IND.

HONIASONT

MOSOPELEA

POWHATAN

MONETONE

VA.

W.VA. MONACANE

SAPONI

PAMUNKEY

TUTELO MATTAPONI

ENO

NOTTOWAY

BAUER

MISSOURI

IONITTI

MIAMI

SHAWNEE

KY.

CHEROKEE

N.C.

PAMLICO

TUSCARORA

OSAGE

MO.

KASKINAMPO

TENN. YUCHI

CHERAW

S.C. CATAWBA

WATEREE

WACCAMAW

SÜD

SANTEE

CUSABO

ARK.

CHICKASAW

OBERE CREEK

YAMASI

QUAPAW

HOUMA

MISS.

OSTEN

CADDO

TUNICA CHOCTAW

KOASATI

GA.

GUALE

YAZOO

ALA.

KOROA

TAENSA

UNTERE CREEK

HITCHITI

LA. NATCHEZ

BILOXI

ALIBAMU

ATAKAPA

APALACHEN

TIMUCUA

CHITIMACHA

AI

CALUSA

FLA.

TEKESTA

INDIANERSTÄMME – 1650

Südwesten
Hohe Ebenen
Westliche Bauern
Nordosten
Südosten
Waldlandjäger
Nordwestküste
Plateau
Großes Becken
Kalifornien

Sie entdeckten Amerika

Die Vorfahren der Indianer stammen aus Asien. Sie kamen während eines Zeitraums von mehr als 25 000 Jahren in kleinen Gruppen in die Neue Welt. An vielen Orten, zwischen Kanada und Mexiko, haben Archäologen Spuren dieser frühen Ansiedler entdeckt. Sie fanden die Reste ihrer Lagerfeuer, Knochen der Tiere, die sie auf der Jagd erlegt hatten, und Werkzeuge aus Stein, Knochen und Holz. Durch die Radio-Karbon-Methode (alle organ. Stoffe enthalten radioaktiven Kohlenstoff. Sein Zerfall folgt bestimmten Gesetzen und kann gemessen werden) konnte bewiesen werden, daß Menschen schon vor 15 000, andere Wissenschaftler meinen vor 40 000 Jahren, als die übrige Menschheit noch in der Altsteinzeit lebte, Nordamerika bewohnten. Im Laufe der Zeit breiteten sich die Familien der Ansiedler aus und bevölkerten Nord- und Südamerika. Hier, in einem fremden Lande, mußten sie ihre eigenen Entdeckungen machen. In der Alten Welt gab es Zuchtvieh und Lasttiere, in

Links: Hopi auf der Suche nach Klapperschlangen. Die Schlangenzeremonie ist ein uralter Brauch. Die Männer ziehen sich dabei genauso an wie schon ihre Vorfahren vor Jahrhunderten. Das Foto wurde 1910 aufgenommen.

Rechts: Steintopf in der Form eines menschlichen Kopfes aus einem Grabhügel in Arkansas

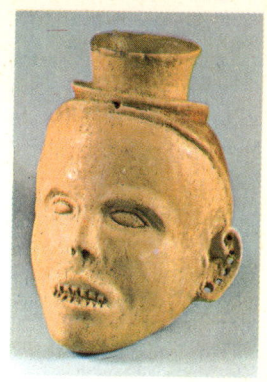

Asien Kamele, Pferde, Elefanten und nicht nur Rinder, Schafe, Ziegen und Schweine, sondern auch Hühner, Enten und Gänse. Die ersten Amerikaner lernten zwar die Aufzucht von Truthähnen; aber Vögel können nicht zur Arbeit herangezogen werden. Lamas, den Kamelen verwandte Tiere, die eine Last von etwa 45 Pfund tragen können, wurden in Ecuador und Peru als Haustiere für die Arbeit verwendet. Aber die großen Tiere in Nordamerika wie Bison, Moschusochse, Elch und Karibu konnte man nicht wie die Elefanten in Indien zähmen.

Gut erhaltene Axt aus dem Ozarkgebirge. Sie wurde von Vorfahren der Choctaw und Chickasaw hergestellt.

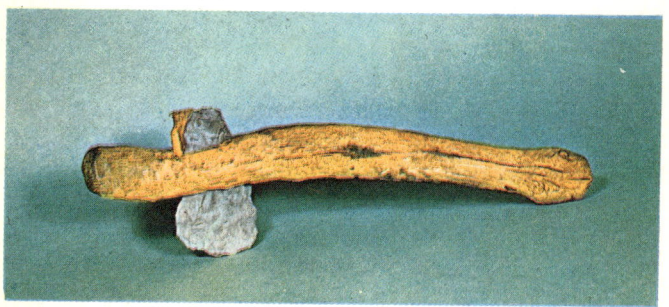

In der Alten Welt gab es viele Arten von Getreide: Weizen, Roggen, Hafer, Gerste und Hirse. Man pflanzte sie, indem man Samen auf fruchtbarem Boden aussäte. In der Neuen Welt gab es nur Mais, den man in Amerika Corn nennt. Man kann ihn nicht aussäen, sondern muß jedes Korn in ein Loch legen. Jahrhundertelang waren viele Versuche nötig, um aus dem Wildgras eine ertragreiche Pflanze zu züchten.

Der Bodenbau breitete sich über Mittelamerika von Peru bis Zentralmexiko aus. Wahrscheinlich wurden gleichzeitig mit dem Mais Bohnen kultiviert und viele Pflanzen gezüchtet, z.B. Kürbisse, Tabak, Kartoffeln, Süßkartoffeln, Kakaobohnen, Tomaten, Erdnüsse und viele andere, die nun der ganzen Welt als Nahrung dienen. Baumwolle war die einzige Pflanze, die sowohl in der Alten als auch in der Neuen Welt angebaut wurde.

Langsam entwickelten sich Mittelpunkte der Zivilisation, und die Kulturgeschichte der Alten Welt wiederholte sich in Amerika. Am bekanntesten sind die Namen der Inka, der Tolteken und Maya. Sie hatten Städte, ansehnliche Häuser, Kunstwerke, konnten schreiben und rechnen und beschäftigten sich mit Astronomie. Sie benützten noch Steinwerkzeuge, obwohl sie nicht mit den Menschen der Steinzeit verglichen werden können. Teilweise kannten sie die Bearbeitung von Metall.

Der Einfluß der Zentren der Zivilisation breitete sich immer weiter aus, auch in die nördlichen Gebiete, die man heute die Vereinigten Staaten nennt.

Man weiß viel mehr über die Anfänge der Geschichte des Südwestens, darunter versteht man Arizona, Neumexiko und Teile angrenzender Gebiete, als über andere Teile des Landes, und zwar aus zwei Gründen. Während vieler tausend Jahre war der Südwesten ziemlich trocken, wenn auch nicht in dem Maße wie heute. In einem trockenen Land halten sich die versunkenen Überreste eines Volkes viel länger, und in einem Lande mit einer spärlichen Vegetation ist es für die Archäologen leicht, die Plätze zu finden, wo sie nachgraben müssen.

Maiskolben aus der frühen Anasazikultur – also vor ca. 1200 Jahren – und Kolben der Jetztzeit. Der heutige Kolben ist durchschnittlich 17 cm lang, der alte nicht ganz 9 cm.

Sandalen, die vor 1500 Jahren von den Anasazi aus den Fasern der Yuccapflanze gewebt wurden

Alltagsleben der Puebloindianer, wie es wohl
zu Beginn ihrer Blütezeit, um 1100 n. Chr., war

Dazu kommt, daß viele der Stämme, die heute im Südwesten wohnen, traditionsbewußte Nachkommen von Stämmen sind, die hier schon vor mehr als tausend Jahren lebten. Wo immer im Südwesten die Verhältnisse es erlaubten, trieben die Menschen Bodenbau, wobei sie mit Bohnen und Mais den Anfang machten. Viele lernten, das Land künstlich bewässern, andere wurden Fachleute für Feldbau ohne Bewässerung. Die ersten Bauern, die die Archäologen in einer ununterbrochenen Linie am weitesten zurückverfolgen können, sind die Träger der sogenannten »Cochise-Kultur« des südlichen Arizona und von Neumexiko. Sie bauten schon vor 3000 Jahren eine primitive Art Mais. Aus der Cochise-Kultur entwickelte sich im Laufe von etwa 1000 Jahren die Mogollon-Kultur. Die Hohokam-Stämme, die viele Einflüsse aus Altmexiko aufnahmen, sind wohl die Vorfahren der modernen Anasazi, wie man heute die vorgeschichtlichen Pime nennt, des südlichen Arizona.

Die bekannteste Kultur ist die der Puebloindianer, nicht nur wegen der eindrucksvollen Ruinen, sondern auch weil ihre Kultur durch ihre Nachkommen bis heute fortgeführt wird. Sie bauten Häuser aus Stein oder Lehmstücken, Adobe genannt. In jedem Dorf gab es eine oder mehrere »Kiva«, wo die Männer zusammenkamen. Sie dienten als Mittelpunkt für die religiösen Zeremonien. Die Kiva wurden teilweise oder auch ganz in die Erde gebaut und durch eine Öffnung im Dach betreten. Die ihnen zu Grunde liegende Form ist ein »Grubenhaus«, das schon eine viel früher lebende Bevölkerung, z. B. der Stamm der Anasazi-Kultur, kannte. Später wurden die Kiva so ausgebaut, daß sie in keiner Weise mehr den frühen Bauten ähnelten. Einige wurden mit Wandgemälden geschmückt, die heilige Wesen darstellten. Auf dem südlichen Colorado-Plateau sind die meisten Berge flache Kuppen mit sehr steilen Seitenwänden. Man nennt sie Mesas. Teile dieser Seitenwände verwittern, hinterlassen tiefe Spalten, über welche die oberen Teile der Felsen überhängen. Vor mehr als 2000 Jahren bauten die Indianer des Südwestens oft ihre Häuser in diese Felsüberhän-

Bergziege aus Ton der frühen Hohokam-Stämme des südlichen Arizona. Dieses Volk verschwand um 1400, aber viele Indianer, die heute noch in Teilen des südlichen Arizona Ackerbau treiben, müssen von ihnen abstammen.

Unten: Ein ausgezeichnetes Beispiel der südwestlichen Töpfereien aus dem nördlichen Arizona. Es entstand um 1200 n. Chr.

ge, um Schutz vor dem Wetter zu finden. Später errichteten sie dort ihre Siedlungen, obwohl die Frauen jeden Tag die Felsen hinab- und hinaufklettern mußten, um Wasser zu holen, und die Ernte und übrige Nahrung hinaufgeschleppt werden mußte. Diese Städte werden »cliff dwellings« (Klippensiedlungen) genannt.

Wahrscheinlich bauten die Puebloindianer ihre Siedlungen nicht nur wegen des Wetters, sondern auch der besseren Verteidigung wegen an solche Stellen. Zwischen 1000 und 1200 begannen wilde Stämme in dieses Gebiet einzudringen. Es waren die Vorfahren der Navaho und Apachen, die sich von den Stämmen, die im nördlichen Kanada und Alaska lebten, getrennt hatten.

Mitglieder des Schlangen-Bundes der Hopi beim Verlassen ihrer Kiva in Oraibi. Aufnahme aus dem Jahre 1910. Seither wurden Aufnahmen dieser Zeremonie nicht mehr erlaubt.

Die Neuankömmlinge führten keinen regelrechten Krieg mit den Puebloindianern. Sie trieben mit ihnen Handel, lernten von ihnen, bestahlen sie und überfielen sie von Zeit zu Zeit. Sie stellten eine ständige Bedrohung dar, so daß die Puebloindianer ihre Niederlassungen zur Verteidigung herrichten mußten.

Später, als die Puebloindianer das Gebiet verließen, in dem sich ihre Kultur entwickelt hatte, bauten sie ihre Siedlungen an hoch gelegenen Stellen oder ordneten sie so an, daß die Häuser einen Verteidigungswall bildeten. Die Puebloindianer waren friedlich und demokratisch. Es wurden nur wenige Anzeichen von Kämpfen gefunden, trotz der Schwierigkeiten, die dieses halbzivilisierte Volk mit den primitiven

Betatakin, eine Klippensiedlung im nordöstlichen Arizona aus
dem späten 13. Jhdt

Rechts: Teil einer Wandzeichnung in Pottery Mound, einer
Puebloruine im mittleren Neumexiko. Sie wurde durch Mitglieder der Universität von Neumexiko ausgegraben.

Nomaden gehabt haben muß. In alten Zeiten wurden sie theokratisch regiert, d. h. durch ihre Priester und deren Beauftragte, aber die Vollmacht des Herrschenden hing von der Zustimmung der Beherrschten ab. In der Pueblo-Kultur findet man wenig Anzeichen von besonders reich geschmückten Einzelgräbern, wie sie sich dort finden, wo Unterschiede im Rang gemacht wurden. Man fand auch kein einzelnes Haus, das besser ausgestattet war als die übrigen. Auch die heutigen Puebloindianer sind friedfertig und demokratisch. Die Einrichtung ihrer Kiva ist ein Gemeinschaftsunternehmen, das sie freiwillig auf sich nehmen.

Die Kultur des Südwestens breitete sich nie weit über Arizona, Neumexiko und die südlichen Teile Colorados und Utahs aus. Jenseits, in allen Himmelsrichtungen, waren hohe Berge oder Wüsten, die nicht mit primitiven Werkzeugen bebaut werden konnten. Im Osten lagen die Hohen Ebenen, die sich ebensowenig dazu eigneten. Sie sind auch für den modernen Ackerbau ungeeignet.

Acoma Pueblo bestand bereits 1540, als die Spanier im Südwesten ankamen, und wird heute noch bewohnt.

Das andere Gebiet, durch das mexikanische Einflüsse in die Vereinigten Staaten kam, der Südosten, war vollkommen anders. Wir wissen, daß sich vor etwa 1000 Jahren eine bemerkenswerte Kultur, heimisch zwischen der Golfküste und dem Mississippital, bis hinauf zu den Großen Seen ausgebreitet hatte. Auch sie betrieb Bodenbau. Man nennt sie die Kultur der »Grabhügelbauer«, weil dieses Volk große Grabhügel errichtete.

Pueblo Benito, eine andere uralte Stadt, wurde wahrscheinlich von den Bewohnern der Mesa Verde gegründet.

Rekonstruktion von Pueblo Benito

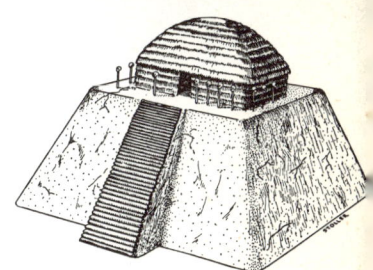

Tempel der Maya aus Stein und Mörtel. Zum Vergleich ein Tempel des Südostens aus Stangen, die mit Ried oder ähnlichem Material bedeckt wurden

Man erkennt sofort den mexikanischen Einfluß, Eigentümlichkeiten, wie das Weben von Federmänteln bis hin zu einer im höchsten Maße organisierten Aristokratie, kamen aus den großen Städten Mexikos.

Die Tolteken, Azteken und Maya errichteten abgeflachte Pyramiden, auf denen sie ihre Tempel und manchmal ihre Paläste errichteten. Sie bauten mit Steinen, Mörtel und einer Art Beton. Die Stämme entlang des Mississippitales bauten ähnliche Mittelpunkte, allerdings in einem einfacheren Stil. Die Hügel wurden aus Schutt errichtet, den man mit Erde bedeckte, die Tempel und anderen Bauten aus Holz mit Strohdächern. Aber die Form war dieselbe.

Nördlich des Ohioflusses baute man eine besondere Art von

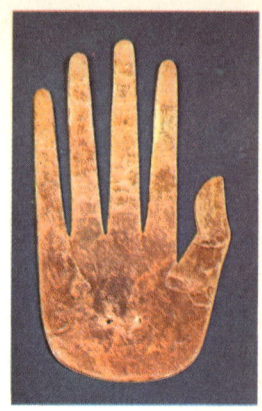

Hölzerne Hirschkopfmaske aus Oklahoma. Mund und Augen sind aus Muscheln.
Rechts: Nachbildung einer menschlichen Hand aus dünnem Glimmer der Ohio-Grabhügelbauer

Hügeln, die sogenannten »Bilderhügel«. Man modellierte aus Erde Vögel und Tiere und setzte sie auf diese Hügel. Diese Stämme waren seßhaft in Dörfern und Siedlungen, deren Häuser gewöhnlich geflochtene Wände und Dächer aus Stroh oder Matten hatten. Sie betrieben ausgedehnten Bodenbau. Unter allen amerikanischen Indianern entwikkelten sie die höchste Kunst im Töpfern und Schnitzen. Der größte Hügel ist der Cahokiahügel in Illinois, der ca. 335 m lang, ca. 213 m breit und ca. 30 m hoch ist. Andere sind ebenso eindrucksvoll. Man benötigte eine sehr hohe Zahl von Arbeitsstunden, um ein solches Gebilde ohne irgendwelche Maschinen, sogar ohne Schubkarren zu erbauen. Zwei Dinge waren dazu notwendig: Erstens mußte so viel Nahrung zur Verfügung stehen, daß die Menschen ne-

Topf aus dem Südosten in Form eines Kopfes. Die eingeritzten Linien sollen Tätowierungen darstellen.

ben dem Broterwerb noch genügend Zeit für andere Arbeiten hatten; zweitens mußte eine Autorität vorhanden sein, die sie zur harten Arbeit anhielt.

Die Puebloindianer des Südwestens errichteten ihre Kiva mit großer Sorgfalt, so wie wir etwa eine Kirche oder ein Rathaus bauen, das jedermann oft aufsucht. Die Stämme des Südostens errichteten riesige Bauten, die der einfache Mann nur gelegentlich besuchte. Sicher ist, daß es über der arbeitenden Bevölkerung eine Aristokratie mit großer Macht gab. Es überrascht daher nicht, daß wir in dieser Kultur reich geschmückte Gräber von Herrschern finden, daß Diener und Sklaven getötet und mit ihnen begraben wurden. Diese herrschende Klasse kann als ein anderer mexikanischer Einfluß bewertet werden.

Das Mississippital mit seinen verhältnismäßig hochentwickkelten Ansiedlungen und seiner reichen Beute war für die primitiven Stämme, die es umgaben, eine große Versuchung. Überfälle mußten zwangsläufig kommen, und es scheint, daß es einige Jahrhunderte, bevor die Weißen kamen, überrannt wurde. Im Süden nahmen die Eindringlinge einen Teil der alten Kultur an, aber sie erreichten nicht die Höhe der früheren Blütezeit.

Ein anderer Stamm, die Natchez, die zur Zeit der Ankunft der Weißen noch existierten, stammen wahrscheinlich direkt von den Ureinwohnern ab. Ihr Mittelpunkt war der berühmte große Emeraldhügel in Mississippi.

Von allen historischen nordamerikanischen Indianerstämmen hatten nur die Natchez einen absolut herrschenden Monarchen. Der König, genannt »Die Sonne«, war so heilig, daß er seinen Fuß nicht auf die Erde setzen durfte. Er wurde immer in einer Sänfte getragen. Er trug eine Federkrone und einen kunstvollen Federumhang. Freiwillige dienten ihm und töteten sich freiwillig, wenn »Die Sonne« starb, um ihn auch im Leben nach dem Tode zu begleiten. »Die Sonne« hatte absolute Macht über das Volk.

Die eine Hälfte der Natchez waren Aristokraten, die andere das gemeine Volk. Die Aristokratie war wieder in drei Klassen eingeteilt: Sonnen oder königliche Persönlichkeiten, Adelige und Ehrbare. Das gemeine Volk war in einer Gruppe zusammengefaßt und wurde »Stinker« genannt.

Als Ausgleich durften die Angehörigen des gemeinen Volkes heiraten, wen sie wollten, während die Aristokraten nur »Stinker« heiraten durften. Wenn ein Aristokrat eine Frau des Volkes heiratete, wurden seine Kinder einen Grad niedriger als er selbst eingestuft, so daß die Kinder eines Adeligen Ehrbare und die eines Angehörigen der Ehrbaren gewöhnliche »Stinker« wurden. Wenn eine Aristokratin einen »Stinker« heiratete, erbten ihre Kinder ihren Rang. So war sogar »Die Sonne« ein halber Stinker von seines Vaters Seite her. Seinen Rang hatte er durch seine Mutter erhalten.

Wo immer sie Land bebauten, neigten die Indianer dazu, seßhaft zu werden. Die Bauern zogen nur weiter, wenn sie dazu gezwungen wurden oder, da die meisten keinen Dün-

Südöstliche Grabhügelbauer fertigten diese Schmuckmedaillen aus Muscheln, die an einer Schnur um den Hals getragen wurden. Viele Muster zeigen einen starken Einfluß von den Azteken oder Maya.

ger benützten, wenn die Felder ausgelaugt waren. Doch verließen sich die Stämme nirgends allein auf den Bodenbau. Vor der Ankunft der Weißen zählte die Bevölkerung nicht mehr als eine Million Einwohner. Es gab Platz in Hülle und Fülle, und Jagd und Fischerei waren ein Vergnügen; der Bodenbau wurde durch die Jagd auf Wild und den Fischfang ergänzt. Natürlich war das Verhältnis zwischen Bodenbau, Jagd und Fischerei in jeder Gegend und bei jedem Stamm anders.

Die meisten Menschen glauben, daß die Indianer schon immer so gewesen seien wie damals, als die Weißen sie vorfanden. Das ist ein Irrtum: Nordamerika befand sich damals auf derselben Entwicklungsstufe wie Europa 3000 Jahre vorher. Es brannte eine kleine Flamme, die im Laufe der Zeit ein großes Licht hätte werden können. Dann landeten die Weißen mit der Macht, die ihnen durch Stahl, Pulver und Pferde verliehen war, und die so vielversprechende Flamme erlosch für immer.

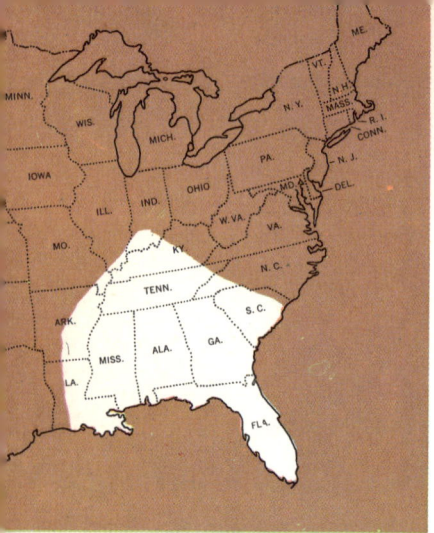

Die »Könige« des Südens

Die Erforschung Nordamerikas begann im 16. Jahrhundert durch spanische Expeditionen entlang der Golfküste von Florida bis Texas und landeinwärts nach Georgia und Tennessee.

Aussehen und Leben der südöstlichen Indianer entsprachen in keiner Weise der heute üblichen Vorstellung. Es gab weder den kriegerischen Kopfschmuck und den kuppelförmigen Wigwam der Neuengland-Indianer noch das Lederzelt, das wir als Tipi kennen. Diese Indianer waren Bauern und lebten in der Nähe ihrer Ländereien in großen Ansiedlungen, die die ersten Kolonisten und Forscher »Towns« (kleine Städte) nannten. Der Mittelpunkt dieser Dörfer war das Rathaus und ein öffentlicher Platz. Die Häuser wurden aus Holz, Rinde, Stroh und Schilf dauerhaft gebaut.

Wenn die Maiskolben reif waren, hielten manche Stämme eine große Feier ab: »Die Feier des grünen Maises«. Vorher durfte kein Mais gegessen werden. Alte Töpfereien wurden zerbrochen, die Feuer wurden gelöscht, die Dörfer gesäubert. Dann zündete man im Tempel ein neues Feuer an und trug es zu allen Feuerstätten.

Wir stellen uns die berühmten Stämme oft als organisierte

Einheiten vor. Das waren sie nicht. Alle Creek z.B. hatten eine Sprache, hielten sich an eine Religion, folgten festgesetzten Gebräuchen, aber sie hatten keine gemeinsame Regierung. Jedes Dorf wurde durch seinen eigenen Häuptling regiert, den Mico, und war unabhängig. Jedoch fühlten sich die Menschen, die eine gemeinsame Sprache hatten, verwandt, bekämpften sich gewöhnlich nicht und vereinigten sich oft zu einem zeitweiligen Bündnis gegen andere Stämme mit anderen Sprachen und Gebräuchen.

Die ersten Siedler nannten die Häuptlinge »Könige«, und sie hatten damit gar nicht so unrecht. Die Häuptlinge hatten eine große Autorität und wurden hoch geachtet.

Die Indianer des Südostens hatten ein Sippschaftssystem, bei dem die Abstammung von der Mutter abgeleitet wurde.

Häuptling aus Florida aus dem 16. Jahrhundert; die kunstvolle Tätowierung zeigt den Rang an.

Illinoi und Atakapa mit einem Gefangenen des Fox-Stammes und einem kleinen Negerbuben, gezeichnet in New Orleans

im Jahre 1735. Die Behälter (von links nach rechts) tragen die Aufschriften: Schweinebauch, Nierentalg, Bärenfett.

**Nachbildung einer prähistorischen Ratsversammlung in einer
für Zeremonien erbauten Erdhütte, rekonstruiert nach Funden.
Der Sprecher hat einen weißen Federfächer.**

Ein Mann gehörte zur Sippe seiner Mutter. Gewöhnlich
lebte er, wenn er heiratete, mit der Familie seiner Frau zusammen. Sehr oft heirateten Männer Frauen anderer Dörfer, und dies verband die Stämme untereinander. Theore-
tisch konnte ein Mann mehrere Frauen heiraten, aber da er

unter den Verwandten seiner ersten Frau lebte, konnte er es gewöhnlich nur tun, wenn sie zustimmte.

Die Bewohner des Südostens lebten behaglich, stellten gute Töpfereien her, webten einen bemerkenswert feinen Stoff aus Fäden, die aus wilden Fasern gesponnen wurden, und kultivierten große Felder, aber ihre »Lieblingsbeschäftigung« war der Krieg.

Sie unternahmen keine Kriege in dem Sinne, wie wir es verstehen. Sie machten es sich zur Regel, nicht zu erobern, andere Stämme nicht zu unterjochen und nicht zu vertreiben.

Adlertanz der Choctaw, 1830 gemalt von George Catlin in Oklahoma. Der Künstler lebte bei den Indianern.

Die typische Form des Kampfes war der Überfall. Die Angreifer bereiteten sich darauf durch Tanzen und Beten vor. Dann schlichen die Krieger leise durch die Wälder und eröffneten kurz vor dem Morgengrauen eine plötzliche Attakke. Es war ein beliebter Trick, die Dächer der feindlichen Häuser mit brennenden Pfeilen anzuzünden, dann in das Dorf zu stürzen und die Leute zu töten, während sie noch völlig überrascht durcheinanderliefen.

Die Waffen waren Speere und Stangen, die im Nahkampf

benutzt wurden. Das war gefährlich, aber man konnte seinen Mut beweisen.

Das Töten von Frauen und Kindern wurde ebenso hoch ge-
wertet wie das Töten von Männern, da man, um ihrer hab-
haft zu werden, in das Dorf eindringen mußte. Jedoch wurden Frauen und Kinder gelegentlich auch gefangen und in
den Stamm aufgenommen. Manchmal wurden auch gefangene Krieger verschont und ebenso aufgenommen, aber es
geschah selten. Das Skalpieren lernten alle Indianerstämme

erst von den Weißen! Die englische, spanische und holländische Regierung zahlte Prämien für tote Indianer, um die indianische Bevölkerung zu dezimieren, weil man ihr Land haben wollte. Zuerst lieferte man die Köpfe der Toten ab, dann begnügte man sich mit Kopfhaut und Haar.

Sie kannten viele Spiele, die sie den »kleinen Bruder des Krieges« nannten. Es waren rauhe Spiele. Die streitenden Parteien bereiteten sich durch Fasten und Beten darauf vor.

Die großen Stämme des Südostens reagierten heftig auf Folgen, die das Zusammentreffen mit der europäischen Zivilisation mit sich brachte. Viele der kleineren Stämme, wie die Natchez und Timucua, starben aus. Dem Druck des Weißen Mannes waren sie nicht gewachsen. Andere leben weiter als Stamm von Mischlingen, kaum mehr als eine Handvoll Familien, die sich nur noch schwach an ihre alte Kultur und die Existenz ihres Stammes erinnern. Die großen Stämme aber verstanden es, als Ebenbürtige neben den Weißen, die sie umgaben, am Leben zu bleiben. Man nannte sie später die »fünf zivilisierten Stämme«: die Cherokesen, Choctaw, Chickasaw, Creek und Seminolen.

Die Engländer setzten sich an der Atlantischen Küste fest. Die Spanier richteten sich in Florida ein. Nach verschiedenen Versuchen in Florida und weiter nördlich konzentrierten die Franzosen ihre Niederlassungen im Gebiet von New Orleans und am Unterlauf des Mississippi.

Die Indianerhäuptlinge besuchten die europäischen Niederlassungen und verhandelten mit ihren Gouverneuren und Ratsversammlungen. Manche wurden zu einem Besuch bei den Königen der Weißen über das Meer mitgenommen. Sie sahen die europäische Kleidung und die Besitztümer, die Häuser, das Vieh, die Regierungsform und die Diener, die am Hofe bedienten, und fingen an, sie nachzuahmen.

Dann eroberten die Engländer Kanada, und fast die ganze französische Herrschaft in der Neuen Welt zerfiel. Die Spanier waren dabei, Florida aufzugeben. Den fünf großen Stämmen blieb nichts anderes übrig, als mit den Engländern gemeinsame Sache zu machen.

Catlins Bild zeigt das Lacrosse-Spiel, gespielt von den Choctaw.

Seite 36/37: James Oglethorpe, der Gründer von Georgia, stellt den Creek-Häuptling Tomochichi und andere Indianer im Jahre 1734 in London den Treuhändern der Gründungs- gesellschaft vor.

Vernichtung der Seminolen. Dieses naive, zeitgenössische Bild
ist das Werk reiner Fantasie, aber es gibt einen Begriff von
der Leidenschaft, mit der der Krieg gegen die Seminolen geführt wurde. Bluthunde wurden eingesetzt, um die Indianer
aufzuspüren. Es ist jedoch zweifelhaft, ob es dabei so wie auf
diesem Bild zuging.

Dann revoltierten die Kolonien gegen die Krone. Die Creek
kämpften für England und wurden geschlagen. Da verließen
die Engländer plötzlich das ganze Gebiet südlich von Kanada.
Plötzlich sahen sich die Indianer einer neuen Nation harter
Menschen gegenüber, den amerikanischen weißen Siedlern,
die nur an dem Land interessiert waren, das die Stämme besaßen. Diese Amerikaner drängten nach dem Westen.
Der große Shawnee-Häuptling Tecumseh versuchte die
westlichen und südwestlichen Stämme für einen Krieg gegen
die Siedler zu vereinen. Er besuchte die fünf Stämme und
versuchte sie zu überreden, sich ihm anzuschließen. Die
Cherokesen und Choctaw zögerten. Die Creek waren ge-
spalten und schlossen sich ihm nicht an. Trotzdem begannen

viele der Creek-Dörfer mit den Weißen auf eigene Faust einen Krieg, bis sie im Jahre 1814 durch Truppen unter der Führung von Andrew Jackson vernichtet wurden.

Einige Zeit später begaben sich die Seminolen auf den Kriegspfad, und Jackson marschierte gegen sie. Die Seminolen wurden von dem berühmten Häuptling Osceola angeführt und leisteten einen unglaublichen Widerstand. Schließlich war ihre Kraft gebrochen, aber einzelne Gruppen, die sich weigerten, ihre Freiheit aufzugeben, hielten in den Sümpfen und Wäldern Floridas aus.

Es wurde den Stämmen klar, daß sie sich niemals den Weißen mit Gewalt widersetzen konnten. Ihre einzige Hoffnung war, von ihnen zu lernen und von ihnen als zivilisiertes Volk anerkannt zu werden.

Unter den Cherokesen befand sich ein außergewöhnlicher Mann namens Sequoyah. Er erfand ein Schreibsystem. Er hatte ein Alphabet erfunden mit teilweise lateinischen Buchstaben (ohne die Bedeutung, die sie für uns haben) und teilweise eigenen neuen Buchstaben. Zuerst schenkten ihm die Cherokesen keine Beachtung, aber nachdem er seine Schrift wiederholt vorführte, wurden sie überzeugt. Jedermann wollte lernen. Innerhalb von Monaten konnten alle

Typisches »Chiki«, das Sommerschlafhaus der Seminolen.

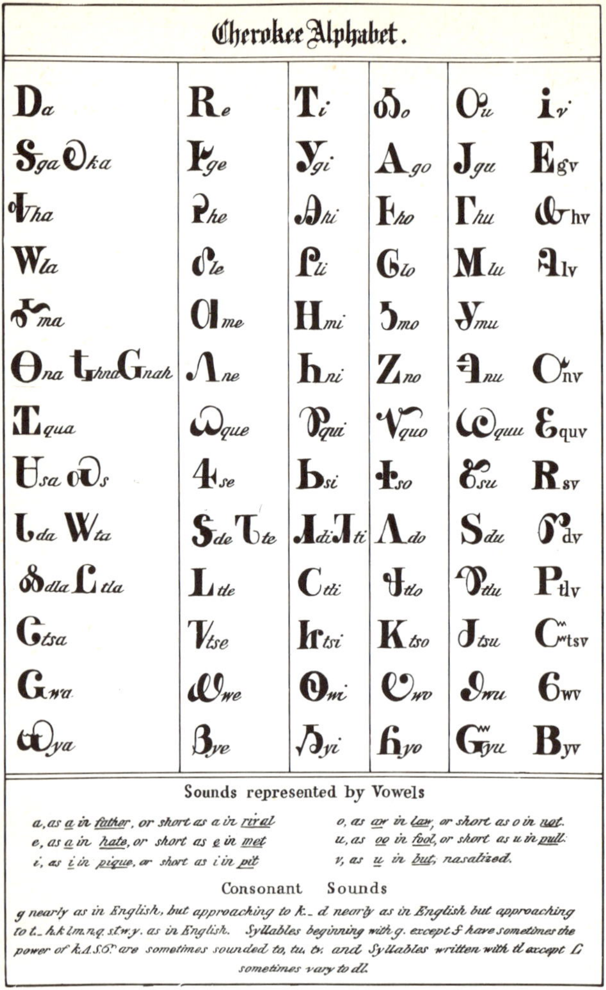

Cherokee Alphabet.

Ꭰ a	Ꭱ e	Ꭲ i	Ꭳ o	Ꭴ u	Ꭵ v
Ꭶ ga Ꭷ ka	Ꭸ ge	Ꭹ gi	Ꭺ go	Ꭻ gu	Ꭼ gv
Ꭽ ha	Ꭾ he	Ꭿ hi	Ꮀ ho	Ꮁ hu	Ꮂ hv
Ꮃ la	Ꮄ le	Ꮅ li	Ꮆ lo	Ꮇ lu	Ꮈ lv
Ꮉ ma	Ꮊ me	Ꮋ mi	Ꮌ mo	Ꮍ mu	
Ꮎ na Ꮏ hna Ꮐ nah	Ꮑ ne	Ꮒ ni	Ꮓ no	Ꮔ nu	Ꮕ nv
Ꮖ qua	Ꮗ que	Ꮘ qui	Ꮙ quo	Ꮚ quu	Ꮛ quv
Ꮜ sa Ꮝ s	Ꮞ se	Ꮟ si	Ꮠ so	Ꮡ su	Ꮢ sv
Ꮣ da Ꮤ ta	Ꮥ de Ꮦ te	Ꮧ di Ꮨ ti	Ꮩ do	Ꮪ du	Ꮫ dv
Ꮬ dla Ꮭ tla	Ꮮ tle	Ꮯ tli	Ꮰ tlo	Ꮱ tlu	Ꮲ tlv
Ꮳ tsa	Ꮴ tse	Ꮵ tsi	Ꮶ tso	Ꮷ tsu	Ꮸ tsv
Ꮹ wa	Ꮺ we	Ꮻ wi	Ꮼ wo	Ꮽ wu	Ꮾ wv
Ꮿ ya	Ᏸ ye	Ᏹ yi	Ᏺ yo	Ᏻ yu	Ᏼ yv

Sounds represented by Vowels

a, as a in father, or short as a in rival
e, as a in hate, or short as e in met
i, as i in pique, or short as i in pit
o, as aw in law, or short as o in not.
u, as oo in fool, or short as u in pull.
v, as u in but, nasalized.

Consonant Sounds

g nearly as in English, but approaching to k. d nearly as in English but approaching to t. h.k.l.m.n.q.s.t.w.y. as in English. Syllables beginning with g. except Ꭶ have sometimes the power of k. Ꭺ.Ꮪ.Ꮫ. are sometimes sounded to, tu, tv. and Syllables written with tl except Ꮭ sometimes vary to dl.

Rechts oben: Sequoyah, der Erfinder des Alphabets der Cherokesensprache. Er trägt eine Medaille, die ihm für seine Verdienste verliehen wurde.

Cherokesen, außer den Kleinkindern und den Schwachsin-
nigen, lesen und schreiben.

Auch die Creek befreundeten sich mit der Schrift. Die Bibel
wurde in der Cherokesen- und der Creeksprache gedruckt.
Die Cherokesen gaben eine Zeitung heraus. Die meisten der
fünf Stämme schrieben ihre Gesetze nieder, die Cherokesen
auch eine formgerechte Verfassung.

Die Indianer verbesserten ihre Arbeitsmöglichkeiten und
wurden friedlich. Sie bebauten ihr Land wie die Weißen und
hielten sich Rinder. In den südlichen fruchtbaren Gebieten
waren ihre Bauernhöfe richtige Pflanzungen mit Sklaven als
Arbeitskräften.

Dann wurde Gold im Inneren der Stammesgebiete gefunden. Das entschied alles. Durch Bestechung, durch Überre-
dung, durch Betrug und vor allem mit Gewalt wurden die

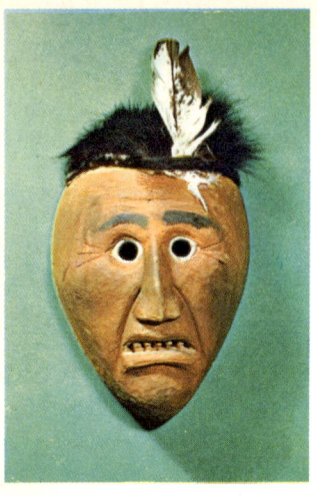

Tanzmaske der Cherokesen

Indianer der »fünf zivilisierten Stämme« zwischen 1832 und 1839 aus ihrer Heimat vertrieben und nach Oklahoma gebracht, einem weit entfernten, fremden, unfreundlichen Lande. Tausende von Indianern, Männer, Frauen und Kinder, starben auf dem »Zug der Tränen«, der sie von ihrer Heimat wegführte.

In einem fremden neuen Land, immer wieder von wilden Stämmen und weißen Verbrechern beunruhigt, machten sich die »fünf zivilisierten Stämme« an die Arbeit. Sie rodeten Land, bepflanzten ihre Äcker und züchteten Rinderherden. Sie ernannten fachkundige, moderne Regierungen. Sie setzten die Druckerpresse in Bewegung. Sie errichteten öffentliche Schulen. Aber als der Bürgerkrieg begann, nahmen die fünf Stämme, die ja vom Süden stammten, Partei für den Süden. Das diente der amerikanischen Regierung als Vorwand, die alten Verträge zu zerreißen und neue, für die Indianer ungünstigere, aufzustellen. Selbst das war noch nicht genug. Die Weißen drängten immer weiter nach Westen, denn Teile Oklahomas waren ein herrliches Land. Schließlich wurde das Indianerterritorium aufgelöst und die Selbstregierung der fünf Stämme aufgehoben.

Cherokesenmantel nach europäischer Mode

Verzierte Cherokesentasche. Die Tasche und der Mantel wurden wahrscheinlich vor 1835 angefertigt.

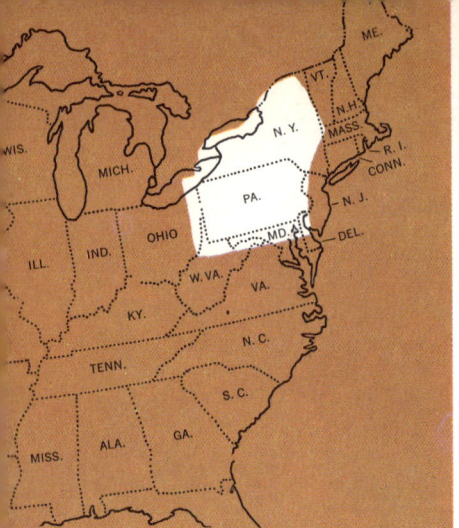

Die Irokesen

Die Ausbreitung einer beginnende Zivilisation nördlich der Golfküste gleicht einem Baum, dessen Wurzeln im Süden liegen. Seine Spitze reicht in den Norden, die Zweige breiten sich nach Osten und Westen aus, wobei die Spitze schlanker, die Zweige dünner und die Blätter an der Spitze und den Enden der Zweige weniger werden. Eine Gruppe von Stämmen, die eine den Cherokesen verwandte Sprache haben, stellen die Spitze des Baumes, die gerade noch nach Kanada hineinreicht, dar.

Als die Franzosen zum erstenmal in die Neue Welt kamen, fanden sie Irokesen in Ohio, Pennsylvanien, New York und in einem kleinen Gebiet des Landes jenseits des St. Lorenz-Stromes in Kanada.

Sie konzentrierten sich in einem Gebiet an den östlichen Großen Seen und am St. Lorenz-Strom, aus dem sie die Stämme vertrieben hatten. Diese Stämme lebten nun in einem Gebiet, welches das der Irokesen umgab. Sie fürchteten und haßten sie.

Das Wort »Irokese« stammt aus der Sprache der Algonkin und bedeutet »Echte Natter«.

**Wiege der Onondaga
von 1850
Rechts: Topf der Onondaga,
etwa um 1450**

Die Irokesen hatten sich ein reiches und fruchtbares Land
ausgesucht. Sie trieben viel Ackerbau, pflanzten Squash,
eine Kürbissorte, 15 Arten Mais und nicht weniger als 60
Arten Bohnen. Auch wilde Pflanzen, Kräuter und Ahorn-
zucker gehörten zu ihrer Nahrung. Die Männer rodeten
Land, fällten Bäume und verbrannten sie. Die weitere Feld-
arbeit wurde von den Frauen geleistet, da die Felder und die
Ernte den Frauen gehörten. Natürlich gingen die Männer
auf die Jagd. Sie jagten Rotwild, fingen Biber, töteten Enten, Truthähne und wilde Tauben und fingen mit großen
Netzen, die sie aus biegsamen Ranken herstellten, Fische in
aufgestauten Flüssen.
Die Irokesen lebten eng zusammen in Dörfern, die sie mit
starken hölzernen Pfahlwänden einzäunten. Die Häuser
wurden von den Männern gebaut, gehörten aber den Frau-
en. Es gab zwei Typen: Bauten mit rundem Dach und die sogenannten »Langhäuser« mit einem Giebeldach. Beide
wurden mit Ulmenrinde gedeckt, die man wie Schindeln
übereinanderfügte. Ein Langhaus war bis zu 30 m lang und
beherbergte viele Familien einer Sippe.

Alltagsleben der Irokesen in der prähistorischen und frühen historischen Zeit.

Adlertanz der Seneca, gemalt von Ernest Smith, einem zeitgenössischen Seneca-Künstler. Die Kleidung zeigt Einflüsse der Weißen.

Oben: Der Totadahogürtel beschreibt grafisch das Sträuben des Häuptlings der Onondaga, sich mit seinem Stamm der Irokesenliga anzuschließen. Die Überwindung seines Widerstandes ermöglichte das Entstehen der Liga.
Unten: »Staubfächer-Wampumgürtel«. Er war das Kennzeichen des Vorsitzenden der Irokesenliga.

Entlang der Mitte des Baues zog sich eine Reihe von Feuerstätten, über denen sich im Dach Löcher befanden, damit der Rauch abziehen konnte. Rechts und links von jeder Feuerstätte lagen Räume, die als Wohnung für eine Familie dienten.

Ulmenrinde, die man für die Dächer und Wände benützte, war in vieler Hinsicht für die Irokesen wichtig. In ihrem Gebiet gab es wenig Birkenrinde. Daher fertigten sie ihre Gebrauchsgegenstände, ja selbst ihre Kanus aus Ulmenrinde. Die künstlerischen Erzeugnisse der Irokesen waren nicht annähernd so kunstvoll wie die des Südostens, aber vielfältiger. Es gab glatte, dekorierte Töpfereien und schöne Schärpen, die durch eine besondere Webart hergestellt wurden,

**Mokassins der Seneca mit Perlenarbeit im traditionellen Stil
Rechts: Beinschäfte der Seneca. Ähnliche Schäfte stellten die
Irokesen und die Algonkin der Küste her.**

die auch heute noch ausgeführt wird. Die Irokesen verwendeten vielfach feine Muschelperlen, die man Wampum nennt. Es ist unwahrscheinlich, daß sie diese selbst herstellten. Sie lebten zu weit von der Küste entfernt, an der man die Venusmuscheln findet, aus denen die Perlen gemacht werden. Wahrscheinlich kamen die Perlen durch Handel, durch Überfälle auf andere Dörfer oder als Tribut in ihre Hände. Wampumschnüre wurden von den Botschaftern der Irokesen als Erkennungszeichen getragen. Gürtel oder Streifen von verschiedener Länge nach den verschiedensten Mustern dienten als einfache Dokumente.

Die Irokesen lebten in einem Land mit harten, schneereichen Wintern. Die Kleidung der Männer bestand aus Schäften für die Beine, einem Tuch um die Lenden und kurzen Röcken aus Wildleder, Mokassins und einem Wildlederhemd. Im Sommer ließen sie das Hemd und die Schäfte weg.

Die Frauen trugen Röcke und Schäfte, wenn es warm war, und lange Kleider, wenn es kalt wurde.

Sehr bedeutungsvoll war für die Irokesen die Religion, die jeden Augenblick ihres Lebens mit einbezog. Es wimmelte von geistigen Wesen (spirits) aller Art, die alles beeinflußten, was die Irokesen taten. Zusätzlich zu diesen Wesen und den immer gegenwärtigen Geistern (ghosts) der Toten gab es göttliche Wesen, die wir wohl Götter nennen können. Über allem stand der Herr des Lebens, von dem alle guten Dinge kamen, und sein Gegner und Bruder, der Urheber alles Bösen. Beide befanden sich in ständigem Kampf.

Ein Mensch bestand für sie aus drei Teilen: Erstens einem Körper, zweitens dem, was wir seine Seele nennen können, und drittens seinem geistigen Wesen (spirit) oder seinem

Masken, die die Irokesen bei ihren Zeremonien benutzten. Einige, wie die hölzernen »Falschgesichter«, hatten eine tiefe religiöse Bedeutung. Andere setzte man auf, wenn man zum Vergnügen tanzte.

Geist (ghost). Wenn er starb, ging seine Seele in das »Nach-
leben«, eine Art von Himmel ein. Sein Geist (ghost) blieb in
der Nähe des Begräbnisplatzes und nahm am Dasein der
Lebenden Anteil. Kriegerische Streifzüge konnten z. B. von
toten Kriegern in großen Scharen begleitet werden, die an
diesem Vergnügen teilnehmen wollten. Bei Festmählern,
die in der Winterzeit gegeben wurden, waren die Schranken
zwischen Lebenden und Toten beseitigt, und die Geister
nahmen am Essen, am Tanzen, den Spielen und der Wärme
des Feuers teil.
Ein anderes geistiges Wesen, das die Irokesen »Orenda«
nannten, ist für uns Weiße kaum verständlich, da es eine
vollkommen unpersönliche, geistige Macht darstellte. Es
durchdrang alle Dinge und war die geistige und göttliche

**Außer den holzgeschnitzten Masken besaßen die Irokesen auch
Masken, die sie aus den Deckblättern des Maises flochten.
Ihre Bedeutung lag nicht in ihrer Schönheit, sondern in ihrem
Symbolgehalt.**

 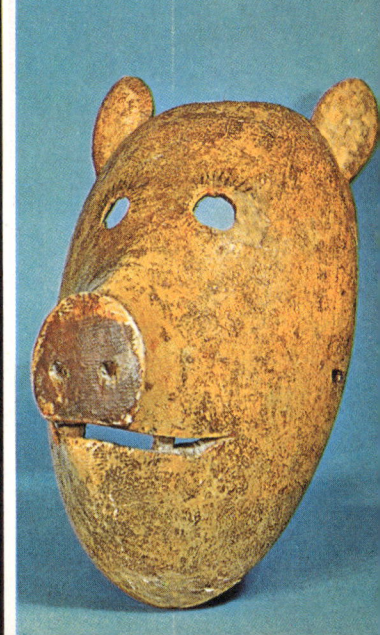

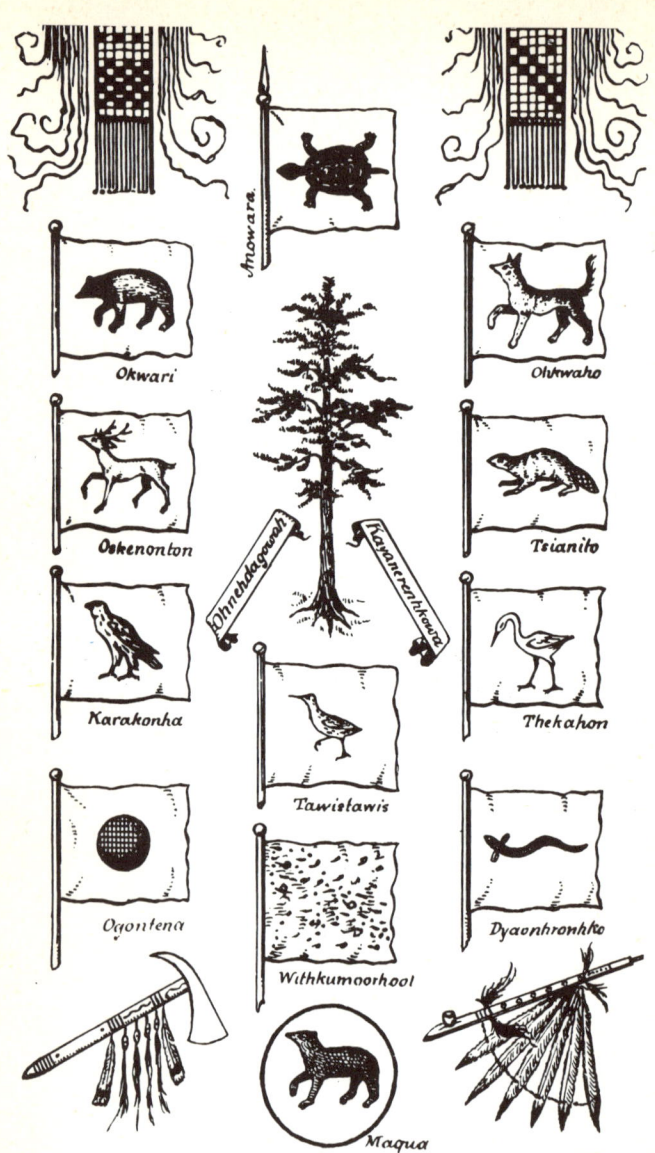

Anowara.

Okwari

Oskenonton

Karakonha

Ogontena

Ohkwaho

Tsianito

Thekahon

Dyaonhronhko

Ohnehdagowah

Karancenhhowra

Tawistawis

Withkumoorhool

Maqua

54

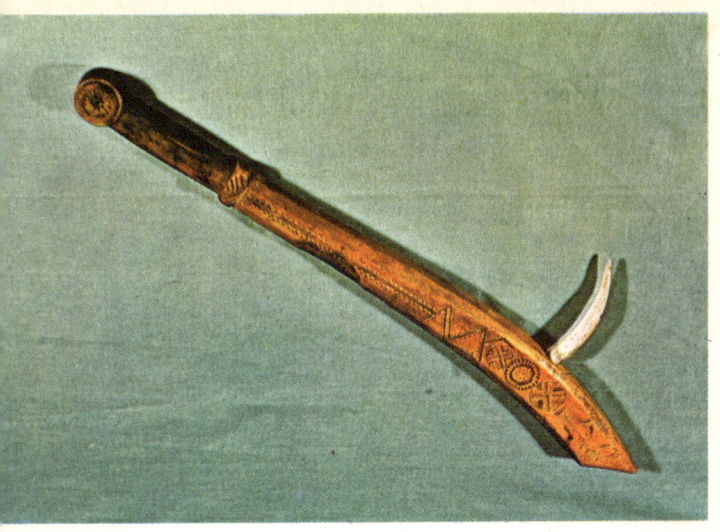

Mit Stachel versehene Kriegskeule (vor 1850). Diese Art Keulen war weit verbreitet.
Links: Die Sippensymbole der Irokesen mit ihren indianischen Namen. Der Nadelbaum stellt die Liga dar. Der eiserne Tomahawk links unten stammt aus einer späteren Zeit.

Kraft, die alle Elemente der Welt miteinander verband, die Menschen mit eingeschlossen. Eine derartige Vorstellung war unter den nordamerikanischen Indianern weit verbreitet.

Man erlangte Orenda hauptsächlich durch bedeutsame Träume, die einem Mann Kraft sowohl für sein tägliches Leben als auch für die Religion verliehen. Manche Männer konnten besonders viel Orenda in sich aufnehmen. Wer kraftvoll genug träumte, wurde ein Schamane, der Krankheiten erkannte und auch heilte. Ebenso wichtig waren die Männer, die sich mit den »Falschgesichtern« beschäftigten. Das waren greuliche Köpfe ohne Körper, die den Leuten im Wald begegneten und ihnen Krankheiten anhexten. Die Mitglieder der Falschgesichter-Gesellschaft brachen den

Zauberbann in einer Zeremonie, bei der sie hölzerne Masken trugen, die den Falschgesichtern ähnelten. Schamanen mit magischen Kräften gab es bei jagenden Stämmen. Bei den ackerbautreibenden Stämmen wurden die Zeremonien gewöhnlich von besonders ausgebildeten Männern geleitet, die man besser Priester nennen müßte. Die Irokesen hatten beides.

Bei den Irokesen nahmen die Frauen eine höhere Stellung ein, als sie ihnen bis in die jüngste Zeit von den Weißen eingeräumt wurde. Die Felder, die Ernte, die Häuser gehörten ihnen. Dies bedeutete, daß sie wirtschaftlich die Oberhand hatten. Die Abstammung bezog sich immer auf die Mutter. Ein Kind gehörte zur Sippe seiner Mutter. Jedermann war Mitglied einer Sippe, z. B. der Wolf-, Hirsch-, Schildkröten- und Schnepfen-Sippe. Das »Tiertotem« (Symbol) der Sippe war über der Tür eines jeden Langhauses angebracht. Dieses wurde von den Mitgliedern einer einzigen Sippe bewohnt. Wenn die Männer heirateten, zogen sie zu ihren Frauen. Wenn die Ehe auseinanderbrach, kehrte der Mann zu seiner Mutter zurück und verließ seine Kinder.

Jede Sippe war eingeteilt in Stammbäume, deren Glieder von einem gemeinsamen Ahnen abstammten. Das Haupt jedes Stammbaumes war eine ältere Frau, die Matrone. Einige Stammbäume waren adelig und sind es noch heute. Aus ihnen wurden die Häuptlinge oder Sachem gewählt. Sachem ist ein Wort der Algonkin, wird aber allgemein für die beherrschenden Häuptlinge der Irokesen benützt.

Wenn ein Sachem starb, wählte die Matrone des Stammbaumes seinen Nachfolger aus Mitgliedern des Stammbaumes. Dann besprach sie ihre Wahl mit den anderen Frauen des Langhauses und dann mit den Frauen der Sippe.

Die Behandlung der Gefangenen der Irokesen zeigt südöstlichen Einfluß. Man machte so viele Gefangene als möglich und bevorzugte junge Männer, aber auch Frauen und Kinder wurden gefangengenommen.

Es scheint, daß die Irokesen, mehr als die Stämme des Südostens, das langsame zu Tode foltern als ein religiöses Opfer

**Rumfässer, wie auf diesen zwei
Pfeifen der Wyandot, wurden in der
indianischen Kunst oft als Dekoration
verwendet.**

ansahen. Dieser Begriff des Opfers legt in der Tat die Vermutung nahe, daß hier weit oben im Norden ein mexikanischer Einfluß in ziemlich reiner Form erhalten blieb. Das Opfer wurde Areskoi, dem Geist des Krieges und der Jagd und vielleicht auch der Sonne, dargebracht.

Kurz bevor die Weißen nach Nordamerika kamen, gründeten die fünf Nationen der Irokesen ihre berühmte Liga, die sie »Großer Friede« nannten. Hiawatha, ein Staatsmann, vereinigte die Onondaga, Seneca, Cayuga, Oneida und Mohawk in einer Union, der Liga der Irokesen. Im 18. Jahrhundert schlossen sich ihnen die Tuscarora an. Diese Liga besteht seit 400 Jahren und bewährt sich heute noch.

Der Rat der Liga setzte sich aus den Sachem der beteiligten Stämme zusammen. Er tagte jeden Sommer im Land der Onondaga.

Die Liga war das Zünglein an der Waage zugunsten der Engländer im französisch-indianischen Krieg. Während der Amerikanischen Revolution erklärte die Liga nicht formell

Washington-Wampumgürtel. Er verzeichnet den Vertrag, der nach der Revolution zwischen den Irokesen und Washington geschlossen wurde.

Cornplanter (Maispflanzer), der große Häuptling der Seneca, bekämpfte in der Revolution die Amerikaner und spielte nach dem Krieg eine wichtige Rolle beim Zustandekommen des Friedensvertrages.

Diese Karte wurde bereits vor der Revolution angefertigt. Sie wurde benutzt, um die Marschroute der Generäle Clinton und Sullivan auf ihrem Streifzug gegen die Irokesen im Jahre 1779 aufzuzeichnen.

den Krieg, aber die meisten ihrer Stämme standen zu ihrem Bündnis mit den Engländern.

Nach der Revolution boten die Engländer den Irokesen ein Schutzgebiet in Kanada an, in das viele gingen. Die anderen, vermutlich die Mehrheit, zogen es vor, in ihrer Heimat zu bleiben.

Zum Mißvergnügen vieler New Yorker schloß George Wa-

To His Excellency **WILLIAM TRYON** Esq.
Captain General & Governor in Chief
of the Province of NEW-YORK &.&
This Map
of the Country of the VI. Nations
Proper, with Part of the Adjacent Colonies
Is humbly inscribed by his Excellency's
Most Obedient humble Servant
Guy Johnson 1771.

EXPLANATION

A. *Indian Villages*
B. *Chief Towns or Large Villages*
Indian Paths
The Boundary Settled with the
Indians in 1768 is described by
a ———— Line

shington mit der Liga einen gerechten Frieden. Washingtons Politik machte sich bezahlt. Während des Krieges im Jahre 1812 bildete der Shawnee-Häuptling Tecumseh mit Unterstützung der Engländer ein gefährliches Bündnis der Stämme zwischen Ohio und dem Mississippi, das eine große Bedrohung für die nördlichen Vereinigten Staaten darstellte.

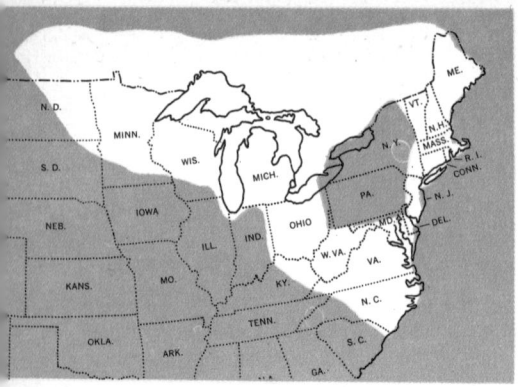

Die Wigwam-Bewohner

Lange bevor Irokesen vom Süden her nach Norden vor
drangen, müssen jagdtreibende Algonkin-Stämme den
nördlichen Teil der Vereinigten Staaten vom Atlantischen
Ozean bis zu den Rocky Mountains in Besitz genommen ha
ben. Algonkin hatten sich auch im ganzen östlichen Kanada
ausgenommen dem Gebiet an der Küste, das die Eskimo
bewohnten, niedergelassen. Das beweist, daß Vorfahren der
Algonkin die Neue Welt schon sehr frühzeitig besiedelten
Schon vor 10 000 Jahren waren sie bis zum Nordoster
Nordamerikas vorgedrungen.

In einem Bogen, der von dem Stamm der Abenaki in Maine
bis zu den Chippewa des westlichen Ontario, Minnesota und
Wisconsin reichte, lebten die Menschen ausschließlich oder
hauptsächlich von Jagd und Fischerei.

Die Stämme wurden gewöhnlich in weitverstreut lebende
Familien, Gruppen oder kleine Trupps aufgeteilt, um ein
besseres Jagen zu ermöglichen. Der ganze Stamm kam nur
gelegentlich zusammen. Innerhalb des Stammes oder der
kleineren Gruppen bestand nur ein lockerer und zwangloser
Zusammenhalt. Häuptlinge hatten kaum eine Autorität,
außer daß man ihnen wegen ihrer Weisheit und Erfahrung
Achtung entgegenbrachte.

Ihre Religion war einfach. Es gab einen Geist, vielleicht einen Gott, der entweder Manitu oder Manido genannt wur-

de. Er war der Besitzer aller Dinge, aber er kümmerte sich nicht um die Angelegenheiten der Menschen. Die ganze Natur gehörte einem niedrigeren Wesen. Statt Priestern, die das Ritual kannten, hatten die Algonkin Schamanen.

Ostwärts von Wisconsin war der Wigwam die typische Wohnung der Algonkin. Ein Wigwam unterscheidet sich vollkommen von einem Tipi. Er ist ein Haus mit einem kuppelförmigen Dach. Der Rahmen besteht aus festen Stangen, die man in die Erde steckt und zusammenbindet. Andere Stangen werden kreuzweise daran befestigt. Er wird entweder mit Rinde bedeckt, am besten mit Birkenrinde, wo diese zur Verfügung steht, oder mit aus Binsen gewebten Matten und Schilfrohr. Einige Stämme, z. B. die Abenaki, bewohnten Tipis, bei denen gerade Stangen einen Kegel bildeten, Rinde wurde auf die Stangen gelegt und diese durch andere Stangen, die man obendrauf legte, festgehalten. Diese Behausungen konnte man leicht zerlegen und weiterbefördern. An der nördlichen Spitze der Hohen Ebenen, am Rande des alten Büffelgebietes in Kanada, lebten die Cree, Algonkin, die das echte Tipi benützten, ein Zelt aus Häuten, geschaffen für ein Wanderleben.

Die Chippewa bauten fast nichts an, aber sie betrieben den Fischfang in großem Ausmaß. Ihr Land hätte sich für den

Links: Schachtel aus Birkenholz der Passamaquoddie (ca. 1910)
Rechts: Perlenbestickte Weste der Chippewa

Ackerbau geeignet. Aber da sie genug Nahrung hatten, die ohne Mühe erreichbar war, pflanzten sie nur nebenbei.

Die Großen Seen und zahlreiche kleinere waren voller Fische, und die Jagd war sehr ertragreich. Zudem fiel ihnen eine reiche Ernte von wildem Reis in den Schoß.

Die Chippewa lebten in einem sehr tierreichen Gebiet, und ihre Fallen lieferten Pelze, die zuerst durch die Huronen an die Franzosen und später durch die Irokesen an die Engländer verhandelt wurden. Dieser Pelzhandel verschaffte ihnen europäische Waren und Waffen. Dadurch wurden sie den anderen Stämmen überlegen. Sie griffen sie an und trieben sie nach dem Süden und Westen, weg aus dem reichen, bewaldeten Lande und von der herrlichen Gelegenheit, in den Seen fischen zu können. Unter denen, die verjagt wurden, waren die Dakota-Stämme, die uns als die Sioux bekannt sind. So kamen diese zu Beginn des 18. Jahrhunderts auf die Großen Ebenen.

Die Zivilisation, die in alten Zeiten von Mexiko nach Nordamerika kam, muß viele Algonkin Jahrhunderte vor der Ankunft der Weißen erreicht haben. Einige müssen mit den nördlichen Grabhügelbauern in Berührung gekommen sein. Zu dieser Masse verwandter Völker gesellten sich die einfallenden Irokesen, die nordwärts zu den östlichen Großen Seen und dem St. Lorenz-Strom, ja bis hinein nach Kanada vorstießen. Die Algonkin bestanden damals aus drei Gruppen: den Jägern des Waldlandes, den Stämmen westlich der Irokesen, meistens in Ohio und Illinois, die Bauern des Westens wurden, und denjenigen östlich der Eindringlinge, entlang der Atlantischen Küste von Maine bis Nordkarolina. Dieses Kapitel beschäftigt sich mit den Jägern und den Leuten an der Küste. Anthropologen (Menschenkundler) klassifizieren oft alle drei Gruppen zusammen mit den Irokesen als eine einzige Kultureinheit. Sie nennen sie die Bewohner des östlichen Waldlandes. Sicher hatten die Algonkin der Küste und die Irokesen viel Gemeinsames. In diesem Buch werden sie aber in verschiedenen Kapiteln beschrieben, da ihr Ursprung und ihre Geschichte so verschieden sind.

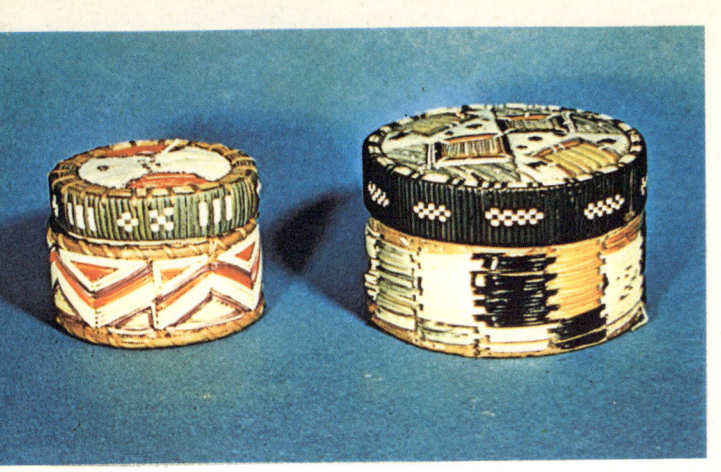

Schachteln der Micmac aus Birkenrinde, verziert mit Stachel-schweinborsten, und Tasche der Potawatomi

**Leben im Indianerdorf
Secota in Virginia, um 1590**

Seite 68/69:
**Die Chippewa im Gebiet der
Großen Seen benutzten Birken-
rinde zum Anfertigen vieler
Dinge. Fische und wilder Reis
waren Hauptnahrungsmittel.
Kanus aus Birkenrinde waren
leicht und konnten auf langen
Reisen bequem von einem
See zum anderen getragen
werden.**

Die Algonkin des Ostens waren Bauern und konnten töpfern und weben. Sie verzierten ihre Töpfereien, indem sie eine Schnur in den ungebrannten Ton preßten, um Muster anzubringen.

Die Algonkin, die direkt an der Küste lebten, waren sehr geschickt im Anfertigen von Wampums aus Venusmuscheln und anderen dicken Muscheln. Echter Wampum wurde hergestellt, indem man ein längliches Muschelstück abbrach, es mit Sand so lange schmirgelte, bis es einen länglichen Zylinder bildete, und ein Loch durch den langen Weg des Zylinders bohrte. Es war gewiß keine Kleinigkeit, dies mit einem Bohrer aus Stein oder Holz, den man in nassen Sand tauchte, zu vollbringen, ohne die Perle zu beschädigen. Ein Wampum war daher auch entsprechend wertvoll. Da nur eine kleine Stelle der Venusmuschel violett ist, waren die violetten Perlen wertvoller als die weißen. Wampum wurde von vielen Stämmen, selbst von den weit entfernten Chippewa,

**Rindenwigwam in Tipiform
der Micmac in Kanada**

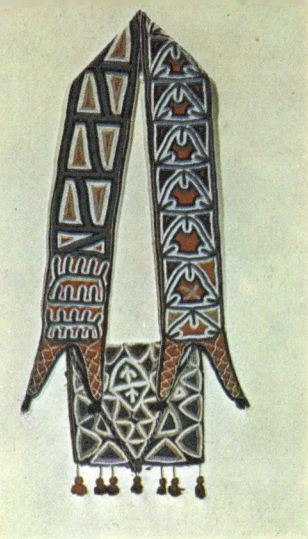

Links: Die Schultertasche stammt von den Delawaren, wurde aber wahrscheinlich von den Creek oder Cherokesen angefertigt.
Rechts: Schultertasche der Mohikaner. Solche Taschen wurden zuerst im Süden gemacht, verbreiteten sich dann aber auch im Norden. Ihre Vorbilder waren frühe Kugeltaschen. Sie wurden nur bei feierlichen Anlässen zur Zierde getragen.

hoch geschätzt. Stämme, die im Innern wohnten, tauschten diese Perlenketten gegen Waren, die sie anbieten konnten. Die Irokesen forderten Wampum auch als Tribut oder – nahmen ihn einfach weg.

Ein Mangel an Münzen, sowohl in den frühen holländischen als auch englischen Kolonien, veranlaßte die Kolonisten, Wampum auch als Geldersatz zu benutzen. Gesetze, die seinen Wert festlegten, wurden erlassen.

Kolonisten beschäftigten sich mit seiner Herstellung. Geschäftstüchtige Weiße ließen in Euroa Nachahmungen aus Porzellan anfertigen und brachten die Fälschungen in den Kolonien in den Verkehr. Die Fälschung entwertete den

Powhatan in seinem königlichen Wigwam (1612)

echten Wampum. Für die Indianer waren die Imitationen genauso hübsch wie die Originale und ebenso passend für dekorative Zwecke. Dazu waren sie billiger. Der Wampum verschwand deshalb, und man fing mit den Indianern einen Handel mit Glasperlen an, der bis in dieses Jahrhundert anhielt.

Der Einfluß fortgeschrittener Kulturen verbesserte die Lebensweise vieler dieser nordöstlichen Stämme. Aber so fruchtbar diese Berührungen gewesen sein mögen, sie brachten auch manche Unruhe. Die mächtigeren, besser organisierten Nationen, die Cherokesen und Sioux der nördlichen Grenze der echten südöstlichen Kultur und die Irokesen, bedrängten diese Stämme, erhoben von ihnen Tribut und drohten ihnen ständig mit Krieg.

Dieser Druck veranlaßte die Stämme, sich enger zusammenzuschließen und größere Gruppen zu bilden. Dadurch wurden auch die Häuptlinge mächtiger. Zu der Zeit, als die Franzosen und Engländer sich unter ihnen ansiedelten, hatten sich die östlichen Algonkin bereits in einer Reihe loser Verbände, die aus 8 bis 30 Dörfern bestanden, zusammengeschlossen. Es fehlte ihnen aber der feste Zusammenhalt der Irokesenliga. Es waren Algonkin, auf die die ersten französischen und später auch die englischen Siedler stießen.

Viele Algonkinwörter sind in den amerikanischen Sprachgebrauch eingegangen, u.a. Squaw und Tomahawk und Succotash (Mais- und Bohneneintopf). Die Stämme nahmen die Neuankömmlinge freundlich auf, und überall entlang der Küste wurden zwischen den Weißen und Indianern Verträge geschlossen. Trotzdem befanden sich diese Stämme in einer hoffnungslosen Lage: Die Franzosen und vor allem die Engländer waren nicht gekommen, um nur Handel zu treiben. Sie wollten das Land in Besitz nehmen und bearbeiten. Je mehr kamen, desto mehr Land brauchten sie.

Die stärkste Algonkingruppe wurde durch die Powhatan-Vereinigung in Virginia mit den Delawaren gebildet. Ihre Häuptlinge genossen die Achtung, wie sie den Häuptlingen des Südens erwiesen wurde. Die Engländer nannten Powhatan König und erkannten seine Autorität dadurch an, daß sie ihm im Namen des englischen Königs eine Krone aufsetzten. Seine Tochter heiratete einen Engländer und lebte mit ihm in London. Eine Zeitlang ging alles gut, aber Jahr für Jahr wurde sein Volk mehr zurückgedrängt, und Powhatan sah die Ereignisse voraus. Er griff an, die Engländer schlugen zurück, und Powhatan wurde vernichtend geschlagen.

Massasoit, der Häuptling der Wampanoag, empfing die Kolonisten mit Güte und war mit den Engländern bis zu seinem Tode befreundet. Sein Sohn, Metacomet, genannt König Philip, der getauft und in einer Schule der Weißen erzogen wurde, sah keine andere Rettung für sein Volk, als die Weißen zurückzudrängen. Er verband sich mit den mächtigen Narragansett aus Rhode Island, den Pequot aus Connecticut und anderen Stämmen und fing 1675 den »König-Philip-Krieg« an, der zwei Jahre dauerte. Er versetzte die Engländer – die »Yinglees«, woraus das Wort »Yankees« wurde – in Angst und Schrecken und zerstörte 12 Siedlungen.

Die Kolonisten schlugen ebenso grausam, alles vernichtend zurück. Ein Blutbad folgte dem anderen. Indianische Frauen und Kinder wurden zu Hunderten hingeschlachtet oder in ihren Wigwams mit ihren Männern lebend verbrannt. Die Macht der Neuengland-Indianer war gebrochen. Philip wurde getötet, seine Frau und sein Sohn wurden als Sklaven verkauft.

Die Holländer besetzten als erste das Land, auf dem heute New York steht, und ließen sich zuerst auf der Manhattan-Insel nieder. (Man streitet sich darüber, ob ihr berühmter Kauf der Insel für 20 Dollar mit den ansässigen Indianern oder mit einem vorher durchziehenden Trupp abgeschlossen wurde.)

Die Delawaren waren einer der mächtigsten Stämme an der Küste. William Penn machte, als er Pennsylvanien gründete, einen berühmten Friedensvertrag mit ihnen, der auch gehalten wurde, solange er lebte. Der größte Teil des Stammes,

Pocahonta, die Tochter Powhatans, die erste Indianerin von edler Herkunft, die nach England kam. Sie besuchte England mit ihrem englischen Mann John Rolfe. Ihr Porträt wurde 1616 in London gemalt, als sie 21 Jahre alt war. Sie starb 1617.

Ætatis suæ 21. Aᵒ. 1616.

The Great God who is the power and wisdom ...
... Incline your hearts to Righteousness Love and peace.
Assure you of my Love, and to desire your Love to my friends
God brings me among you I Intend to order all things in su...
we may all live in Love and peace one with another whi...
God will Incline both me and you to do. I seek nothing bu...
name, and that we who are his workmanship, may do that w...
to him. The man which delivers this unto you, if my Spe...
wise and Loving, you may believe him. I have already sa...
... of my people wrong you, by good Laws I have provided...
nor will I ever allow any of my people to sell Rumme...
drunk. If anything should be out of order, report wh...
be mended, and I will bring you some things of our ...
useful and pleasing to you. So I rest In y Love...
yt made us I am...
... mo
England 2s : 2 : 1682

your Love

I sent this to the Indians
by an Interps. In the
6 mo 1682 Tho. Holme

FRIENDS WITH PEACE - LET US LOOK TO THE ...
... WHO BLESSED ...

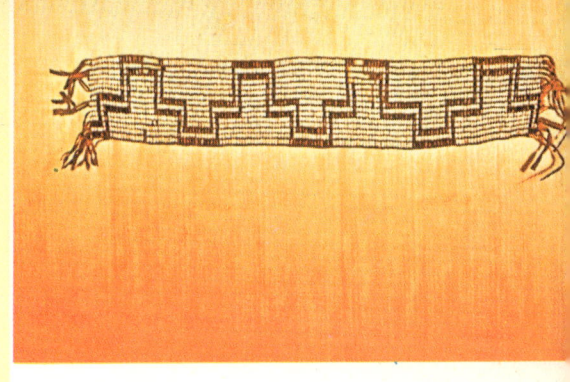

Vertrag William Penns. Die Ausfertigung des Vertrages für die Weißen, den die Wampumgürtel für die Indianer aufzeichnen. Oberer Penn-Wampumgürtel: Die Linien sollen die entsprechenden Flüsse und Gebirge darstellen.

77

Trommel der Chippewa im Gebiet der Großen Seen

**Französische Lithografie von 1842: Kriegstanz der Menominee.
Zu dieser Zeit waren bereits eiserne Tomahawks und wollene
Kleidung Handelsware bei den Indianern.**

der zuerst die Freiheit behalten wollte und sich schließlich nur noch eine Hütte wünschte, um in Frieden leben zu können, machte Verträge, siedelte und mußte wieder, insgesamt siebenmal, weiterziehen, um sich endlich auf fremder Erde in Oklahoma niederzulassen. Andere Gruppen beendeten ihre Wanderung in Kansas, Wisconsin und an drei Stellen in Ontario.

Die meisten Stämme, die mit den Weißen Freundschaft geschlossen hatten, sind ausgerottet oder existieren nur noch als Reste.

Einige westliche Stämme, z.B. die Chippewa und Menominee, hatten mehr Glück als ihre östlichen Verwandten. Die Weißen, die nach Westen drängten, nahmen zuerst nur das beste des unendlichen Landes und umgingen so die Stämme, die ein weniger verlockendes Land bewohnten. So arm diese Stämme heutzutage sind und soviel sie auch erlitten haben, sie bestehen noch als Stämme und wohnen in Schutzgebieten, die man für sie aus dem Gebiet ihres Heimatlandes ausgespart hat.

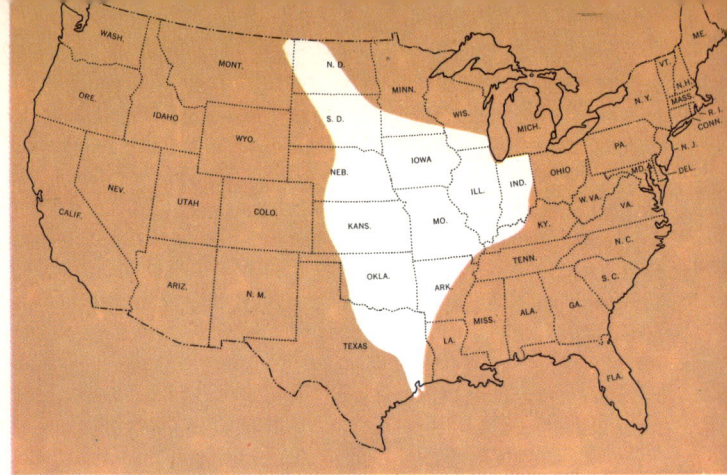

Die Bauern des Westens

In diesem riesigen Gebiet sind die Trennungslinien der Kulturen verschwommen. Die Bewohner des Südostens bildeten eine eindeutig kulturelle Einheit, und ähnliches kann von den Algonkin der Ostküste und den Irokesen gesagt werden. Westwärts aber gehen die verschiedenen Gruppen ineinander über.

Der Ackerbau kam von Mexiko nach dem Südwesten und breitete sich von da nach Osten, Norden und immer weiter westwärts aus, bis eine natürliche Grenze erreicht wurde, die eine Nutzung des Bodens unmöglich machte – das Wüstengebiet.

Viele der Weißen, die diese westlichen Bauern aufsuchten, waren Händler oder Jäger, die fast immer vollkommen ungebildet waren, die weder in der Lage waren aufzuzeichnen, wie die Stämme lebten, noch daran interessiert waren. Die besten Berichte über das Leben der Stämme kamen von französischen Missionsforschern. Leider gibt es viel zu wenige. Wir sind hauptsächlich auf die Archäologen angewiesen, um zu erfahren, wie die Indianer lebten, selbst wenn es sich um das frühe 17. Jahrhundert handelt.

Im allgemeinen wissen wir, daß dieses Gebiet einst von Leuten bewohnt war, die Ackerbau trieben und auf die Jagd gingen, daß die meisten auf den Prärien und Hohen Ebenen des Westens Büffel jagten, daß sie in großen Dörfern wohnten und Töpfereien herstellten.

Der nordöstliche Indiana-Illinois-Teil dieses Gebietes war, als er zum ersten Male von Weißen aufgesucht wurde, von den Sac und Fox (nur ein Stamm), Illinoi, Kickapoo, Shawnee und Miami, alles Algonkin-Stämme, besiedelt. Sie waren wahrscheinlich durch die Irokesen nach Westen oder durch die Waldlandstämme, wie die Chippewa, nach dem Süden verdrängt worden. Diese mächtigeren Stämme hatten, als sie die schwächeren Algonkin aus dem reichen Jagd- und Fischereigebiet an den Großen Seen verdrängten, keine Ahnung, daß sie diese in eines der besten Farmgebiete von Nordamerika trieben.

Die Kultur der westlichen ackerbautreibenden Algonkin befand sich im Übergang zwischen der der alten jagenden Stämme des Waldlandes und der des Südostens. Weiße Besucher der ersten Zeit der Begegnung erzählten von den Maisfeldern der Indianer, die sich kilometerlang im Flußtal hinzogen, und ihren großen Dörfern mit bequemen, festen

Töpfe der Mandan und Hidatsa. Die leicht viereckig gebogenen Ränder und die Verzierungen der beiden äußeren Töpfe erinnern an die Töpferwaren der Irokesen.

Dorf der Pawnee. Dieses Bild wurde nach einer 1871 in Nebraska aufgenommenen Fotografie gemalt.

Wigwams. Da es in diesem Gebiet keine Birkenrinde gab, waren sie mit Matten bedeckt. Die Kanus wurden aus ausgehöhlten Baumstämmen gemacht.
Westlich des Mississippi lebten viele mächtige Stämme, darunter die Caddo im nordöstlichen Texas, die der Familie der Caddosprachen den Namen gaben. Andere Caddo-Stämme dieses Gebietes waren die Wichita in Kansas, die Pawnee in Nebraska und die Arikara in Norddakota. Diese Stämme waren aus dem Südosten gekommen. Die Caddo könnten ebenso dem Südosten als auch den westlichen Bauern zuge-

rechnet werden. Es gab auch einen wichtigen Algonkin-Bauernstamm westlich vom Mississippi, die Cheyenne, die östlich von Norddakota lebten. Ihre Lebensweise war den Mandan und Hidatsa, beides Sioux-Stämme, ähnlicher als anderen Algonkin.

Der Rest des Gebietes wurde von Stämmen der Siouxfamilie bewohnt. Wir wissen, daß die Sioux der größte aller als Nomaden lebenden, kriegerischen Stämme war, der in Tipis wohnte, Büffel jagte und auf Pferden ritt. Aber in jenen Tagen gab es keine Pferde in der Neuen Welt. Die Indianer der Ebenen, wie wir sie uns heutzutage vorstellen, existierten nicht, und die später so großen Sioux waren nichts als eine Gruppe von engverwandten Waldlandjägern.

Westlich des Mississippi, von Arkansas nach Norden, lebten

u. a. die Ponca, Oto, Osage, Omaha, Missouri, Kansa, Iowa, Mandan und Hidatsa. Sie waren alle stark und kräftig. Akkerbau, die Jagd im näheren Umkreis und die Büffeljagd ermöglichten ihnen ein angenehmes Leben.

Um das Jahr 1300 gab es Bauernstämme westlich des Mississippi und auf den wasserreicheren Prärien. Von den frühesten Zeiten an bewohnten sie Erdhäuser, die Normal-

Erntezeit in einem Dorf der Pawnee. Sie lebten in Nebraska. Im Sommer zog der ganze Stamm in die Ebenen, um Büffel zu jagen. Zur Erntezeit kehrten sie in ihre Dörfer zurück.

wohnungen der Indianer des nördlichen Nebraska. Die Erdhäuser hatten eine solide Konstruktion aus Sparren, die an einem kräftigen, zentralen Rahmenwerk angebracht wurden. Die Wand- und Dachsparren wurden mit Weidenzweigen bedeckt (die Wände neigten sich nach innen und waren teilweise Wand, teilweise Dach). Darauf legte man Gras, dann Grasnarbe und schließlich eine Lage Erde. Der Bau wurde oft auch noch ganz mit Gras bedeckt, das man in Bündeln zusammenband. Viele dieser Bauten waren so fest, daß die Menschen sich bei gutem Wetter auf dem Dach versammeln konnten.

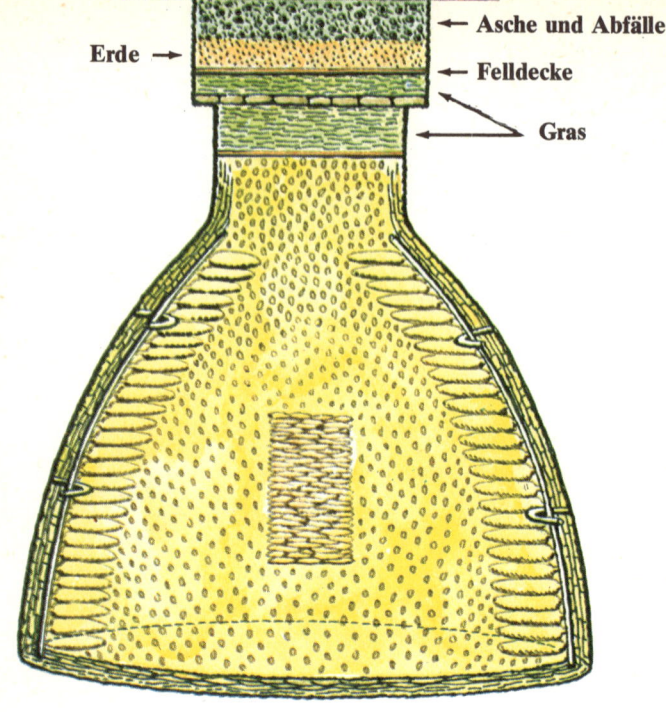

Asche und Abfälle

Erde →

← Felldecke

Gras

Erntesilo der Hidatsa. Um die Feinde irrezuführen, deckte man ihn mit Erde und Abfällen zu.

Ein Gang führte vom Eingang zum Hauptteil des Hauses. Den Fußboden schachtete man so aus, daß der Raum höher wurde und sich entlang der Innenwand eine Bank ergab. In manchen Pawneehäusern konnten 100 Menschen auf dieser Bank Platz finden. Im Dach befand sich ein viereckiges Loch, unter dem das Feuer brannte. Die Höhe vom Boden zur Decke betrug etwa 3,30 m. 35 bis 37 qm Bodenfläche war üblich, aber Häuser für Festlichkeiten wurden bedeutend größer gebaut.

Nachbildung eines Grashauses der Wichita in der »Indianer-stadt« Anadarko in Oklahoma. Auch die Caddo errichteten ähnliche Häuser.

Die Dörfer waren entweder mit Holzzäunen oder mit Erd-wällen, die bis 1,80 m hoch waren, befestigt. Viele Dörfer errichtete man an Steilufern, wo man den Fluß überblicken konnte.

Ein anderer Grundtyp der Wohnung, die Grashütte, stammt wohl aus dem prähistorischen Südosten, da sie unter den Caddo-Stämmen allgemein üblich war. Stangen wurden in Kreisform in die Erde gerammt und an der Spitze zusammen-gebunden. Das ergab einen gekrümmten Kegel und nicht eine runde Kuppel wie bei einem Wigwam. Leichtere Stangen wurden an diesem Rahmen waagrecht angebunden und ein dicker Grasbelag darauf befestigt. Die Hütte war geräumig und solide.

Die Häuser der Osage, einem Sioux-Stamm, der im südlichen Missouri und nördlichen Arkansas wohnte, waren oval oder rechteckig, hatten gerade Wände und gekrümmte Dächer aus Matten oder Häuten. (Da die Osage in der Nähe der Büffel lebten, standen ihnen genügend Büffelfelle zur Verfügung.) Diese Bauten erreichten eine Länge von 9 bis 30 m, eine Breite von 4,5 bis 6 m und eine Höhe von etwa 3 m. Von Sibirien bis Alaska und herunter zum Land der westlichen Bauern hatte man Zelte mit dem Prinzip des Rauchloches. Es wurden Rahmen von drei oder vier Stangen, die an der Spitze zusammengebunden oder mit Astgabeln festgehalten wurden, aufgestellt, wobei die unteren Enden weiter auseinanderstanden. Stangen, deren untere Enden einen Kreis bildeten, wurden daran angelehnt. Über das Ganze spannte man Häute, aber so, daß eine Öffnung an der Spitze blieb. Das war die primitive Form des Tipi. Man kann in einem Tipi ein Feuer machen, ohne daß man vom Rauch vertrieben wird.

Die ackerbautreibenden Stämme gebrauchten ihre Tipis meistens, wenn sie hinter den Büffeln her waren. Das geschah jedes Jahr, wenn die großen Herden auf ihrer Wanderung dem Stammesgebiet am nächsten kamen. Es war für einen Mann zu Fuß kein leichtes Unternehmen, die großen Büffel zu jagen, nur mit einer Lanze oder einem Pfeil mit Spitzen aus Stein bewaffnet. Es konnte den Tod bedeuten, wenn sich ein Bulle gegen ihn wendete oder eine Herde über ihn hinwegraste. Da die Stangen der Tipis von den Hunden getragen werden mußten, waren die Tipis klein.

Die Jagd ging meistens so vor sich: Man erschreckte die Tiere, indem man z. B. das Gras anzündete, und die Tiere stürzten über einen Felsen hinab, oder man trieb sie an einer Reihe von Bogenschützen vorbei, die so viele, wie sie konnten, abschossen.

Merkwürdigerweise zeigt Catlins Bild eines Dorfes der Mandan nicht den als typisch geltenden Vorraum, der zu dem Eingang ihrer Erdwohnungen führte.

Die Indianer hatten weder Wagen noch Räder. Sie benützten den »Travois«. Dazu wurden zwei Tipistangen an den Schultern eines Hundes festgebunden, die freien Enden schleiften am Boden, und darauf wurde die Last befestigt.

Inneres einer Erdwohnung der Mandan, gemalt von Bodmer um 1830. Die Lieblingspferde hatten gleichfalls ihren Platz

in dieser Wohnung. Geräte hängen geordnet an den Tragepfo-
sten.

Catlins Bild zeigt Jäger, die sich mit Wolfsfellen verkleidet haben.

Im Winter benutzten die nördlichen Stämme »Toboggan«, Schlitten, auf denen schwere Lasten transportiert werden konnten, aber im Winter waren die Büffel im Süden.

Die meisten Stämme bestanden aus Sippen. Einige leiteten die Herkunft von der Mutter ab, andere vom Vater. Viele Sippen waren in Hälften geteilt wie bei den Irokesen, Creek und Natchez. Andere teilten ihre Sippen in mehrere große Gruppen auf. Es war genau festgelegt, wem das Amt des Häuptlings gegeben werden sollte. Bei manchen Stämmen wurden die Häuptlinge ernannt, bei anderen wurde die Herrschaft in gewissen Familien weitervererbt. Viele Stämme, besonders im nordöstlichen Gebiet, hatten sowohl Kriegs- als auch Friedenshäuptlinge, wobei die Friedenshäuptlinge die wirklichen Regenten waren und die Kriegshäuptlinge die Kriegspartei anführten.

In der Religion spielten Visionen eine große Rolle. Junge Leute bemühten sich darum, indem sie in die Einsamkeit gingen und um übernatürliche Erscheinungen beteten. Die Art der Erscheinung, die ein junger Mann hatte, bewies das Ausmaß der besonderen Kraft, die ihm von dem alles durchdringenden, unsichtbaren Gott verliehen worden war. Wer besonders intensive Visionen hatte, wurde Schamane. Er sagte die Zukunft voraus, gab Berichte von Leuten, die

Dorf der Omaha um 1850 mit Tipis und Erdwohnungen.
Unten: Dieser Büffelumhang der Mandan ist die älteste existie-
rende bemalte Büffelhaut (1797). Sie schildert einen Angriff
der Sioux und Arikara auf die Mandan.

entfernt wohnten, und stellte Krankheiten fest. Die Behandlung überließ er besonderen medizinischen Sachverständigen.

Teils nach Visionen einzelner, teils durch andere Ursachen, deren Quellen nicht nachweisbar sind, sammelte man heilige Gegenstände, wie z.B. die heiligen Pfeile der Cheyennen und besonders häufig die »Medizinbündel« oder »heiligen Bündel«.

Da die Weißen erkannten, daß die Indianer Religion und Medizin vermischten, nannten sie alle Indianer, die religiöse

Manchmal erlegte man Büffel, indem man sie in Pferche jagte, wo sie mit Pfeil und Bogen getötet werden konnten.

Bräuche ausübten, »Medizinmänner«. Sie sahen, daß die Indianer Gegenstände, die sie für heilig hielten, in verschiedene, oft reich verzierte Bündel wickelten. Als die Weißen diese Gegenstände betrachten durften, hielten sie diese für wertlos, nicht anders, als es den Indianern mit unseren heiligen Symbolen erging. Sie sahen, daß diese Bündel oder ihr Inhalt manchmal dazu benutzt wurden, um Kranke zu heilen, so, wie um 1500 der spanische Forscher Cabeza de Vaca kranke Indianer mit einem Kreuz berührt hatte. Daher kommt es, daß die Weißen diese Bündel »Medizinbündel« nannten. Das ist das gleiche, als ob Indianer das Kreuz von Christen, die um Gesundheit beten, »Medizinstab« nennen würden.

Die Boote der Mandan bestanden aus einem Rahmen aus leichten Stangen, über den man Büffelhäute spannte.

Die nördlichen Stämme, östlich und westlich des Mississippi, verehrten das Calumet, die heilige Pfeife. Die Pfeife wurde bei besonderen Tänzen getragen, diente als Ausweis für Boten und wurde bei vielen Ritualen benützt. Eine Pfeife, die mit roten Federn versehen war, bedeutete Krieg, eine mit weißen Federn Frieden.

Einige religiöse Gebräuche und Zeremonien zeigen einen stark südöstlichen, ja Aztekeneinfluß. Bei den Pawnee gab es z.B. eine ausgesprochene Sonnenverehrung und einen entsprechenden Sternenkult mit einer jährlichen Morgensternfeier.

Im Südosten waren Kriegstaten der Weg zu Ruhm und Rang. Hier im Westen kam es einem Mann darauf an, seinen Mut zu zeigen, und man hielt es für den größten Mut, wenn ein unbewaffneter Mann einen bewaffneten Gegner angriff, womöglich einen, der von seinen Kameraden umgeben war. Aus dem Hinterhalt zu töten war nicht ehrenvoll. Die Männer tanzten, bevor sie sich auf den Kriegspfad begaben, um in die richtige Stimmung zu kommen und Kräfte zu erlangen. Nach dem Kampf tanzten sie wieder, um den Sieg zu feiern. Die Prahlerei war ein Teil des Kriegskomplexes. Bei geeigneten Gelegenheiten erzählte man vor den Stammesgenossen von seinen tapferen Taten. Man prahlte, aber man mußte bei den Tatsachen bleiben.

Kämpfen war eine sportliche Sache, die dem einzelnen überlassen war. Die Jagd war ein ernsteres Geschäft. Jagdpartien wurden sorgfältig geplant. Manchmal durfte man nur mit Erlaubnis des Häuptlings auf die Jagd gehen, damit ein einzelner das Wild nicht vertrieb. Darauf wurde besonders streng bei den Büffeljagden geachtet. Das gemeinsam erlegte Wild wurde gerecht verteilt.

Allmählich ähnelte das Äußere der Indianer der westlichen Bauernstämme dem Bild, das wir uns heute von den Indianern machen. Der Kamm aus Naturhaar, der durch Abrasieren des ganzen übrigen Haares entstand, wurde mit künstlichen Büscheln oder einem rotgefärbten »Kamm« aus Hirschschwanzhaaren verschönt. Bei manchen Stämmen wurden als Zeichen von Kriegsverdiensten Federn im Haar befestigt.

Die westlichen Bauern trugen schön verzierte Wildlederkleider, die oft mit Stickereien aus Stachelschweinborsten und Perlen geschmückt waren.

Im 18. Jahrhundert kamen die Bauern in den Besitz von Pferden, die aus den spanischen Herden in Neumexiko ausgebrochen waren und sich auf den Weiden der Ebenen stark vermehrt hatten. Die Indianer lernten das Reiten sehr schnell. Die Kriege und die Jagd wurden ein Vergnügen. Die Dauer der Jagden wurde länger. Man lebte einen geringeren Teil des Jahres in den Dörfern und war weniger abhängig von der Ernte.

Aber im Land dieser Stämme lagen Gebiete, die die Weißen, die Farmen suchten, begehrten. Den wenigen Indianern war es unmöglich, gegen die wachsenden Vereinigten Staaten anzukommen.

**Catlins Bild zeigt den
Höhepunkt einer viertägigen
religiösen Prüfung, bei der sich
junge Krieger der Mandan freiwillig
selbst foltern, um ihren Mut und ihre Stärke zu beweisen.**

Die Algonkin wurden zuerst durch die französischen und dann die englischen Händler und schließlich durch die Amerikaner zum Trinken von Branntwein verführt. Ein Faß Whisky war der übliche Auftakt für einen nur einseitig vor-

teilhaften Vertrag. Die europäischen Könige und bis zu einem gewissen Grade auch die republikanische Regierung in Washington versuchten diese Verträge zu erfüllen, aber die vordringenden Weißen dachten gar nicht daran, sich daran zu halten. Nie zuvor wurden friedliche Indianer so kaltblütig erschossen, Versprechen regelmäßig gebrochen und der Satz, daß der beste Indianer der tote sei, so kaltherzig in die Tat umgesetzt. Das Wild und die Truthähne wurden weggeschossen, das gute Land weggenommen. Durch Trunksucht geschwächt, bettelarm, hungrig, zerrüttet, konnten die Stämme nicht länger widerstehen.

Den Stämmen westlich des Mississippi erging es etwas besser, aber immer noch schlecht genug. Das Schrecklichste, was die Weißen den Indianern brachten, waren die Pocken.

Büffeltanz der Mandan. Solche Rituale, bei denen die Tänzer sowohl die Jäger als auch das Wild darstellten, waren in der ganzen Welt üblich. Durch sie sollten die Jäger Macht über ihre Beute erlangen.

Da es diese Krankheit vorher in der Neuen Welt nie gegeben hatte, wütete sie schrecklich, nachdem sie einmal Eingang gefunden hatte. Im Westen vernichtete die Epidemie des Jahres 1837 die mächtigen Mandan- und Hidatsa-Stämme. Sie reduzierte die Mandan von 1600 auf 150. Ihren Nachbarn ging es nicht anders.

Die Weißen überfluteten die ackerbautreibenden Indianer, sie umringten sie, sie schlossen sie ein. In der Mitte des 19. Jahrhunderts verfolgte man die Politik, so viele Indianer wie möglich im sogenannten Indianerterritorium, dem späteren Oklahoma, zu konzentrieren, in einem Land, das niemand

sonst wollte. Erst nachdem die Vereinigten Staaten sich von Küste zu Küste bevölkerten, bekamen die Weißen auch auf diesen mageren Boden Gelüste. Es ist eine Ironie des Schicksals, daß einige Stämme entdeckten, daß das Land, auf dem sie siedelten, Bodenschätze enthielt. Der größte Witz war, daß das Land, in das die Osage mit Waffengewalt von den Weißen gebracht wurden, eines der reichsten Öl- vorkommen des nordamerikanischen Kontinents ein- schließt.

the Knife Chief of the Pawnee Loups, called the Bravest of the Braves. painted from nature by John Neagle 1821. & sketch in oil colours.

Krieger der Pawnee mit Kriegskopfschmuck, gemalt 1821 von John Neagle. Obwohl er auf dem Bilde »Knife Chief« genannt wird, ist es wahrscheinlich ein Bild seines Sohnes »Man Chief«, des Kriegers, der der Morgensternzeremonie der Pawnee ein Ende setzte.

Seite 102: Der »Kamm« aus Hirschschwanzhaaren war der übliche Kopfschmuck. Dieser stammt von den Sioux.

103

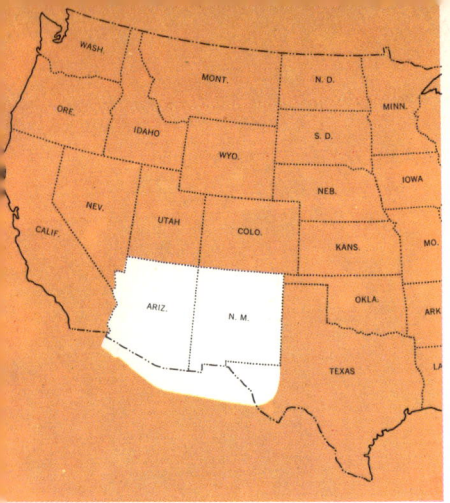

Die alten Siedler

1540 marschierte der spanische Forscher Coronado von Mexiko City nach Norden, um die sagenhaften sieben Goldstädte zu suchen. Er zog zuerst durch das Randgebiet des Aztekenreiches, durch Städte und Dörfer, in denen der Großteil des Volkes ebenso arm lebte wie das gewöhnliche Volk in Spanien. Er überquerte den dürren, unfruchtbaren Landstreifen, der sich entlang der jetzigen Grenze zwischen Mexiko und den USA hinzieht, wo er auf kleine Gruppen armer, primitiver Wüstenwanderer stieß. Dann fand er am oberen Rio Grande wieder Siedlungen und Dörfer, in denen die Menschen unter gut organisierten, starken Regierungen lebten. Ihre Häuser waren eng zusammengebaut wie in einer mittelalterlichen Stadt. Viele Felder wurden bewässert. Das war im östlichen Teil des Gebietes, das uns als der Südwesten bekannt ist. Coronado nannte die Ansiedlungen Pueblos. Das ist der spanische Name für »Kleine Stadt«. Dieser Name ist heute noch gebräuchlich sowohl für die Siedlungen als auch für die Menschen, die darin wohnen. Angelockt durch Berichte von dem unglaublichen Reichtum der sieben Städte, wandte er sich nach Osten und zog weiter über die Hohen Ebenen, wo er Leute fand, die in Zelten aus

Häuten wohnten und den »wilden Kühen« (Büffeln) folgten. Als er schließlich zu den Grashütten der Wichita kam, gab er verzweifelt seine Suche auf und kehrte um.

Das Land, in dem die Puebloindianer wohnten – jetzt Arizona und Neumexiko –, ist völlig verschieden von den ebenen Landstrichen in Texas und dem östlichen Oklahoma oder den fürchterlichen Wüsten und westlichen Küstengebirgen Kaliforniens. Es regnet hier selten. Fast überall ist die jährliche Regenmenge weniger als der Mindestdurchschnitt von 50 cm. Das niedrigste Gebiet im Süden liegt 600 m über dem Meer, die Ufer des Colorado ausgenommen; der Großteil des übrigen Landes aber liegt 1500 m hoch, und im Norden erreicht der höchste Gipfel fast 4000 m.

Es ist ein sehr verschiedenartiges Land, eingesäumt von Cañons und mit vielen an den Spitzen abgeflachten Felsengruppen, den Mesas. Gebirgszüge, deren obere Abhänge grün und gut bewässert sind, ziehen sich durch das ganze Gebiet. Aber diese Abhänge sind zu hoch, und die Zeit, in der etwas wachsen könnte, ist zu kurz, um dort Ackerbau zu treiben. Es gibt wenige Flüsse, aber viele meist ausgetrocknete Wasserläufe, die nur nach Regenfällen zu reißenden Flüssen werden. Im größten Teil des Südwestens sind die

Papagohaus. Diese nur zum Teil geschlossene Unterkunft dient als kühler Sonnenschutz.

Die Hopisiedlung von Walpi ist aus Steinen gebaut. Lehm, wie er in Acoma verwendet wurde, nahm man erst später.

Hochsommer sengend heiß, die Winter grimmig kalt mit eisigen Winden und Schneestürmen. Es ist fast unvorstellbar, daß man in diesem Lande mit größter Hingabe, wie nirgends sonst in Nordamerika, Ackerbau betrieb. Aber es war so.

Die Menschen lebten hier hauptsächlich von den Erträgen eines nichtbewässerten Landes, bei einer jährlichen Regenmenge von nur 33 cm. Dabei hatten sie beim Bebauen des trockenen Bodens und beim Züchten von besonderen Maissorten Erfolge, wie wir sie mit allen unseren technischen Errungenschaften nie erreichten.

Da es wenig Wild gab, waren die Bewohner auf den Ackerbau als ihre hauptsächliche Nahrungsquelle angewiesen.

**Niemand würde hier Felder anlegen – Monument Valley im
nördlichen Arizona**

Die Flöte, das reich verzierte Gesicht, der bemalte Körper
und das sorgfältig frisierte Haar zeigen an, daß dieser junge
Yuma auf Freiersfüßen geht. Niemand weiß, warum er die
drei Spielkarten aufgestellt hat.

Schulterkragen aus Perlen, wie ihn die Yuma und Mohawk herstellten

Von der südlichen Zivilisation hatten sie den Anbau von Squash, Tabak, Baumwolle, 6 Arten farbigen Maises und einer Anzahl Bohnenarten übernommen und weiterentwickelt. Die trockenen Felder erforderten nimmer endende, schwerste Arbeit. Wenn irgendwie Wasser zur Verfügung stand, wurde bewässert. Auch dies bedeutete mühsamste Arbeit. So wurde der Ackerbau eine Aufgabe der Männer. Das ist der eine wichtige Unterschied zwischen den Puebloindianern und den anderen Stämmen, z.B. denen des Südostens.

Die Frauen blieben zu Hause. Das gab ihnen Zeit und Muße, ihre Korbmacherkunst und vor allem ihre Töpferei zu verfeinern und zu verschönern.

Der zweite Unterschied besteht darin, daß eine allgemeine Abneigung gegen den Krieg herrschte. Es hob das Ansehen eines Mannes nicht, wenn er ein Krieger war. Eine Ausnahme machten nur die Athabaske-Eindringlinge und gewisse Stämme am Colorado.

Bei den meisten seßhaft gewordenen Stämmen nahm die

Obwohl diese Puppen der Yuma
am Anfang des 20. Jahrhunderts
hergestellt wurden, gleichen sie sehr
den alten Hohokamarbeiten.

**Bemalte Spielkarten der Yuma
aus Hirschleder**

Religion feste Formen an. Sie feierten bestimmte Feste zu festgelegten Zeiten des Jahres. Die Mythen, auf die sich die Rituale gründeten, Gebete, Gesänge und Tanzelemente, mußten genauestens gelernt werden. Auch dies war hauptsächlich Aufgabe der Männer. Daraus entwickelte sich eine echte Kunst des Musik- und Tanzdramas.

Es ist eine Tatsache, daß Leute mit Besitz und Nahrungsvorräten inmitten anderer, die davon weniger haben, eines Tages, ohne es zu wollen, in einen Kampf verwickelt werden können. Das traf auch im Südwesten zu. Deshalb gab es eine Organisation und Rituale für den Kriegsfall. Alle diese Indianer konnten, wenn es sein mußte, harte Krieger sein, selbst die Hopi, deren Name »die Friedlichen« bedeutet. Nirgends in den Vereinigten Staaten tritt einem die Vergangenheit so wie hier entgegen. Überall sind alte Kunst, Trachten, Art der Sprache, Kunsthandwerk und Häuser so gut erhalten. Es ist wahrscheinlich, daß die Pime und Papago mindestens teilweise von den alten Hohokam abstammen, die wiederum auf die noch ältere Cochisenkultur zurückzuführen sind. Die Puebloindianer bewohnten einst ohne Zweifel die Ruinen, die so malerisch von den Felsen des Nordens herunterschauen; und bis auf den heutigen Tag folgen sie Ritualen, die ihren Vorfahren vor tausend Jahren auch bekannt waren. Selbst die jüngsten Eindringlinge, die Athabaske, sind seit beinahe tausend Jahren in diesem Land. Die ersten Weißen, die Spanier, kamen dagegen erst Ende des 16. Jahrhunderts.

Die alten, seßhaften Bauernstämme des Südwestens zerfallen in drei Gruppen: die Pime im südlichen Arizona, die Yume entlang dem Colorado an der Grenze zwischen Arizona und Kalifornien und die Puebloindianer.

Seite 114/115: Maisfelder in Moencopi im nordöstlichen Arizona. Vor etwa einem Jahrhundert bauten Hopi, die in der Wüste wohnten, dieses Dorf, da hier Wasser zur Verfügung stand. Es ist die einzige künstlich bewässerte Siedlung der Hopi.

Die Pime lebten am Gilafluß. Sie hatten ein ausgedehntes Bewässerungssystem. Mit ihren primitiven Werkzeugen hoben sie kilometerlange Gräben aus, pflanzten Baumwolle und was sie zur Nahrung brauchten. Südlich von ihnen, bis hinein nach Mexiko, lebten ihre nahen Verwandten, die Papago, die man die »Bohnenleute« nannte, weil in ihrem extrem trockenen Lande hauptsächlich Bohnen gediehen.

Die Pimegruppe fertigte schönes Flechtwerk und Töpfereien von guter Qualität. Ihre Töpferei zeigt einen starken mexikanischen Einfluß, der im ganzen Südwesten zu finden ist. Die Oberfläche wurde sorgfältig geglättet. Darauf kam ganz feiner flüssiger Lehm, auf den man, wenn er getrocknet war, Muster malte.

In ihrer Religion legten die Pime-Stämme großen Wert auf Visionen und auf die Kraft, die von ihnen ausging. Das Vorbild hierzu finden wir im Schamanismus der Indianer des Nordens. Aber bei den Pime mußten diejenigen, die beauftragt waren, die Rituale der Religion auszuüben, besonders ausgebildet werden. Für ihre wichtigsten Zeremonien benötigten sie einen Priester. Einmal im Jahr gewannen die Papago eine Art Wein aus dem Saft des Agavekaktus und vollführten eine Zeremonie, bei der große Mengen getrunken wurden, um das Vollsaugen der Erde mit Regen zu symbolisieren. Das Ergebnis war ein allgemeiner leichter Rausch, der von Musik, Tanz, Gebeten und Glücksgefühl begleitet war. Rituelle Trunkenheit findet man in Mexiko, aber kaum in Nordamerika.

Ihre soziale Organisation war einfach. Es gab Sippen, deren Abstammung auf den Vater zurückging; aber sie haben schon vor langer Zeit aufgehört, irgendeine Bedeutung zu haben. Ein Dorf, eine Gruppe von Dörfern, wurde durch den Ältestenrat regiert, den der »Große Mann« leitete. Er war in erster Linie Priester, und seine politische Autorität gründete sich auf seine Weisheit.

Westlich der Pime an den Ufern des Colorado lebten Yume-Stämme – die Yuma und Mohav –, die man sowohl als Grenzbewohner des Südwestens als auch als Kalifornier, die Bauern geworden waren, ansehen kann. Im Gegensatz zu den Pime-Stämmen wurden sie Bauern, weil das Land geradezu dazu aufforderte. Ihr Territorium hatte schmale, außerordentlich fruchtbare Gebiete ebenen Landes entlang des Flusses, die in regelmäßigen Abständen überflutet wurden. Ohne daß man bewässerte oder viel Mühe verwandte, gab es in diesem ebenen Gebiet reiche Ernten. So kam es, daß die Yume-Stämme, das heißt die Frauen, Pflanzer wurden. Das unterscheidet sie von den meisten Bewohnern des Südwestens.

Der heutige Mais der Puebloindianer wird hoch, wenn Wasser für die Bewässerung zur Verfügung steht.

Visionen und Träume spielten eine große Rolle und waren die Hauptquellen ihrer Kraft. Es war unmöglich, ohne vorherige Vision irgend etwas zu unternehmen, ob es sich um Kampf oder eine Rede handelte. Jeder Stamm oder Distrikt hatte einen Berater für die zivilen Angelegenheiten, dessen Amt oft erblich war. Jedoch waren die »Tapferen Männer«, die im Kriege führten, genauso wichtig, und beide erhielten ihre Macht durch Träume.

Das Hauptinteresse der Yuma und Mohav galt dem Krieg, den sie anscheinend sehr genossen haben. Sie zogen es vor, gegen Angehörige ihrer eigenen, größeren Gruppe zu kämpfen, die denselben Spielregeln folgten. In solchen Fällen wurden die Krieger auf beiden Seiten in Formationen aufgestellt, und zeremonielle Herausforderungen und Zweikämpfe fanden zwischen bedeutenden Männern statt,

Decken, Gürtel und Hutbänder der Navaho. Diese »Concho«-Gürtel sind eine Spezialität der Navaho.

Die traditionellen Tänze der
Puebloindianer werden immer
noch aufgeführt und geben
den modernen indianischen
Künstlern viele Anregungen.
Oben: Der Tashaf-Kachina-
tanz der Hopi, gemalt von
Fred Kabotie, einem der
besten heutigen Indianer-
künstler.

Rechts ist eine Phase der
Schlangenzeremonie der Hopi
auf einer der seltenen Aufnahmen des Jahres 1910
festgehalten.

Sandbilder sind eine Art Altäre, mit denen die Navaho ein heiliges Thema stilisiert darstellen. Sie werden sehr schnell, aber unter Einhaltung großer Zeremonien und Rituale hergestellt. Das Sandbild wird mit einem Motiv im Mittelpunkt begonnen.

Kachinapuppen, die übernatürliche
Wesen darstellen. Rechts eine Dar-
stellung des Hemis Kachina der Zuni,
hergestellt von Hopi. Links ein
»Schmutzkopf«, eine Art heiliger
Clown, und in der Mitte ein kleiner
Feuergott.

bevor der wirkliche Kampf begann. Man machte Gefangene
und brachte sie heim, tötete sie dann oder behielt sie als
Sklaven.

Eindrucksvoll war ihre Begräbniszeremonie. Die Yume-
Stämme verbrannten ihre Toten auf riesigen Feuerstößen,
die mit großer Sorgfalt errichtet wurden.

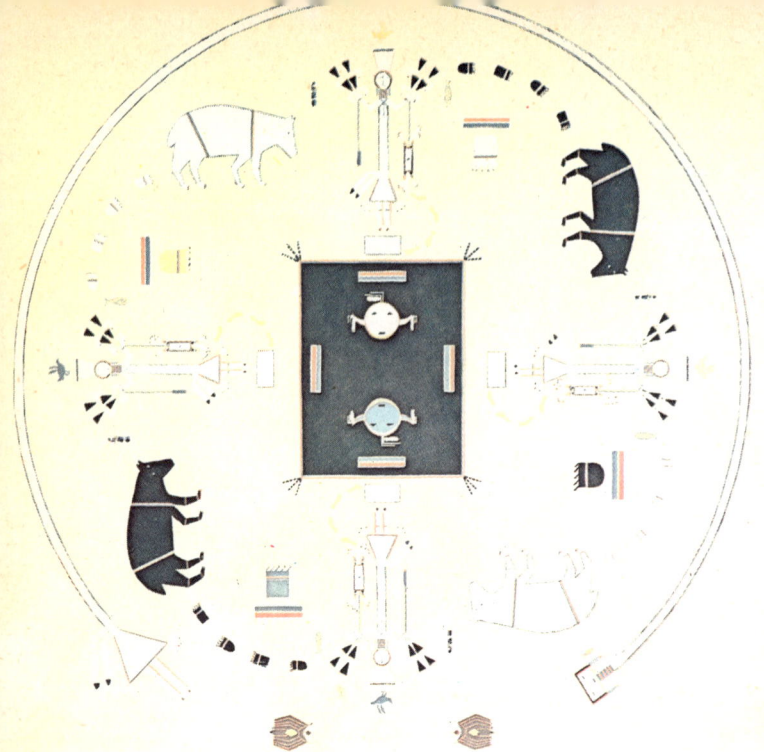

Jede Zeremonie und jeder Gesang hat sein eigenes Sandbild.
Zeremonien, die länger als einen Tag dauern – manche dauern
neun Tage und Nächte –, haben für jeden Tag ein anderes
Sandbild. Am Ende jeder Zeremonie wird das Bild des betreffenden Tages zerstört.

Oben: »Vier Bären« für den Berggesang

Rechts oben: »Wassertiere« für den Schönheitsgesang

Rechts unten: »Sonnenblumengötter«

122

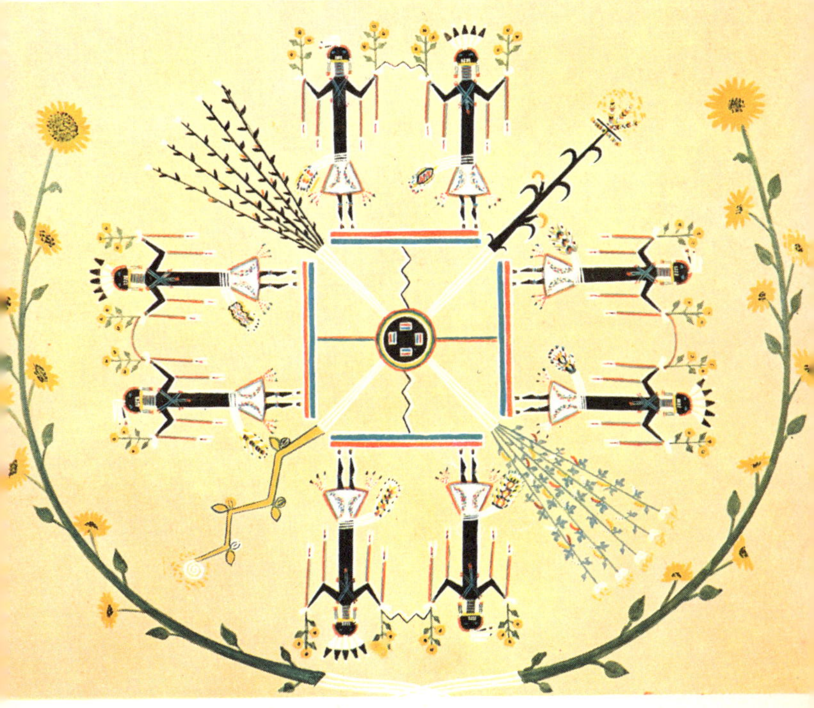

Ein Hogan im Winter

Das war in Nordamerika ein ungewöhnlicher Brauch. Die ganze Nacht, während der Scheiterhaufen brannte, tanzte die Sippe des Toten. Danach wurde das Haus des Hingeschiedenen verbrannt. Einmal jährlich versammelten sich die Verwandten derer, die innerhalb der letzten Jahre gestorben waren, zu einem Festessen und einer Feier, die vier Tage dauerte. Man sang und hielt Reden und beendete das Fest mit einem Scheinkampf.

Die Yume-Stämme benutzten eine Waffe, die sie äußerst geschickt handhabten: eine Keule, mit einem Stachel am Ende. Sowohl das eine als auch das andere Ende konnte man im Kampf anwenden.

Die Puebloindianer lebten in eng zusammengebauten Siedlungen. Im Westen wurden die Häuser aus Stein und Adobe gemauert. Die Häuser im Osten waren nur aus

Adobe gebaut. Vor der Ankunft der Spanier kannte man keine viereckigen Ziegel, die in Formen mit Lehm hergestellt wurden. Sie formten aus Adobe sogenannte »Schildkrötenrücken«, Klumpen, die die Form von Schildkröten hatten. Diese legten sie aufeinander und verbanden die Lagen mit Adobe. Die Dächer waren flach und wegen der Hitze und des Regens mit Adobe bedeckt. Trotzdem waren sie bei starkem Regen oder Schneefall nicht dicht.

Die Häuser hatten oft mehrere Stockwerke und aus Gründen besserer Verteidigung keine Türen im Erdgeschoß. Leitern, die man, wenn Gefahr drohte, einziehen konnte, führten nach oben. In jedem Dorf gab es, gewöhnlich auf einem

Navahomaske, die das »Kind des Wassers« darstellt, den jüngeren der Zwillingskriegsgötter, der als erster einen Skalp nahm. Die Sanduhren ähnelnden Symbole sollen Skalpe darstellen.

Navahofrau und Kind, fotografiert zur Zeit der Gefangenschaft in Bosque Redondo

zentralen Platz, die Kiva, die für Zeremonien bestimmt waren und in denen sich die Männer trafen.

Die Männer leiteten ihre Abstammung von der Mutter her, ein Sippensystem, das bei den Hopi am strengsten war. Die Sippe oder gewisse Linien innerhalb der Sippe bestimmten. Die Felder gehörten der Sippe und waren aufgeteilt in Familienbesitz, der dem weiblichen Oberhaupt der Familie gehörte. Die Rituale und die Dinge, die bei der Ausführung erforderlich waren, z. B. Masken, Priester- und Häuptlingsamt, standen unter der Aufsicht der Sippen.

Bei den Hopi sind die Begriffe Priester und Häuptling fast gleich. Das Hopiwort »Mongwi« wird gewöhnlich mit Häuptling übersetzt. Aber jeder Mongwi, sogar der Häuptling einer Siedlung, ist in erster Linie derjenige, der die religiösen Handlungen ausführt. Die Hauptlinie einer Sippe hat das Recht auf das Amt des Häuptlings. Das Haupt der Sippe ist die »Sippenmutter«. Die alte Matrone hat keine formellen Rechte, aber wenn sie etwas sagt, hört jedermann auf ihr Wort. Einer ihrer Nachkommen erbt das Amt des Häuptlings und die Insignien. Der Mann heiratet eine Frau einer anderen Sippe, zu der dann seine Kinder gehören. Ein Neffe oder Großneffe wird sein Nachfolger.

Der Vater lebt als Gast im Hause seiner Schwiegermutter. Er trägt zur Erziehung seiner Söhne bei, spielt mit ihnen, hilft ihnen weiter, aber da sie nicht Glieder seiner Sippe sind, bestraft er sie nicht. Dies besorgt das Haupt ihrer Sippe, der Bruder ihrer Mutter.

Mit Ausnahme des Dorfes Moenkopi, das etwa vor einem Jahrhundert gegründet wurde, besitzt kein Dorf der Hopi künstliche Bewässerungsanlagen. Tatsächlich leben sie in einem Gebiet, das für den Ackerbau entmutigend trostlos ist. Und doch haben die Hopi seit tausend Jahren hier von dem Ertrag ihrer Felder gelebt. Was sie bei der Bebauung von wasserlosem Land leisten, ist beispiellos.

Am Rio Grande, wo die Bewässerung von jeher leichter möglich war, lagen die Verhältnisse schon immer anders. Dort kamen die Puebloindianer, besonders die nördlichen, in Berührung mit den östlichen Indianern der Ebenen, was sowohl Handel als auch Schwierigkeiten mit sich brachte. Sie hatten weniger Hemmungen, Kriege zu führen als die meisten ihrer südwestlichen Nachbarn, obwohl sie es nur um der Verteidigung willen taten, und ihre Organisation war für den Kriegsfall gut ausgerichtet.

Bei allen Puebloindianern gab es ausgedehnte feierliche Zeremonien, die auf eine Vielfalt von heiligen Mythen zurückgingen. Sie werden heutzutage noch genauso ausgeführt wie vor Jahrhunderten.

Ein Navaho

Frau aus einem Jemez-Pueblo

Die meisten Tänze, die ja dargestellte Gebete sind, sind genau vorgeschrieben. Hierbei gibt es keine Möglichkeit, sich hervorzutun. Jeder Schritt, jede Bewegung wird genau einstudiert.

Wahrscheinlich, mit Ausnahme der Puebloindianer in Taos im nördlichen Neumexiko, huldigten alle Puebloindianer dem »Kachina«-Kult. Kachinas sind keine Götter. Sie sind göttliche Wesen, Mittler zwischen Gott und den Menschen. Unsichtbar, liebreich, wohltätig sind sie die Hälfte des Jahres gegenwärtig. In dieser Zeit können sie entsprechend den Unterweisungen, die sie den Menschen in alten Zeiten gaben, sichtbar gemacht werden, wenn Männer, die eingeweiht und unterrichtet sind, die Masken aufsetzen, die die Kachinas darstellen, und das genau vorgeschriebene Ritual tanzen, dann sind diese wirklich gegenwärtig. Im Gegensatz zu den Masken der Irokesen wollen diese Masken keine menschlichen Gesichter, auch keine grotesken, darstellen. Die Masken sind mit Symbolen bedeckt, die die Macht der Kachinas darstellen oder die guten Dinge, um die die Menschen zu ihnen beten: Regen, Ernte, Sonnenlicht usw.

Etwa vor 900 Jahren kamen wandernde Banden, die dem Athabascan-Sprachverband angehörten, vom hohen Norden in den Südwesten. Sie fanden sich auf großen Gebieten

Die Lieblingsfrau Manuelitos, des führenden Häuptlings
der Navaho, fotografiert 1874 in Washington, wo sie
sich auf einer Reise mit ihrem Mann aufhielt. Sie trägt einen
silbernen Conchogürtel.

Seite 130: Chapatan, Häuptling der San-Juan-Navaho. Er kleidet
sich ganz im Stil der Navaho.

Yeibichai, der Großvater der Götter, ist der Mittelpunkt des Tanzes, der nach ihm genannt ist. In diesem Bilde von Harrison Begay wird Yeibichai durch die Gestalt links oben dargestellt.

unbesiedelten Landes oder dünnbevölkerten Landstrichen zusammen. Die Spanier nannten sie »Apachen«. Ein Stamm, die »Apaches de Nabajú«, lebten in enger Gemeinschaft mit den Puebloindianern. Später ließ man das Wort Apache fallen und nannte sie die Navaho. Sie sind heute einer der berühmtesten Stämme.

Die ausgeprägteste Charaktereigenschaft der Navaho zeigt
sich in der Art, wie sie Elemente anderer Kulturen aufnahmen. Was sie auch aufnahmen, ob es von den Indianerbau-
ern oder den Spaniern stammte, sie veränderten es so, daß es
ihrer Lebensart entsprach. Die Puebloindianer lebten in
festgefügten Gruppen. Jede Gruppe, unter der Aufsicht des

Berggeisttänzer der Chiricahua-Apachen, gemalt von Momaday

priesterlichen Häuptlings, war bis in das kleinste organisiert, und jedermann war auf seinen Platz gestellt.

Das war kein Leben, wie es sich die Navaho wünschten. Sie waren Individualisten, wollten allein sein und errichteten Häuser, die dies ermöglichten. Sie übernahmen viele Puebloorituale, aber so, daß sie sich in ihre eigene Religion einfügten.

Ihr Hauptanliegen war, in Harmonie mit Gott und seiner Schöpfung zu leben. Das sicherste Anzeichen, daß diese Harmonie gestört war, war Krankheit. Daher drehten sich ihre Zeremonien um die Heilung eines Kranken, sollten aber gleichzeitig zum besten aller dienen. Die Puebloindianer verfertigten für bestimmte Riten farbige, stilisierte Figuren aus trockenen Farben auf dem Boden ihrer Kiva. Die Navaho nahmen diesen Gedanken auf und bauten ihn großartig in ihren berühmten »Sandbildern« aus.

Sie erlernten auch das Weben wahrscheinlich von gefangenen Puebloindianern, die sie zu Sklaven gemacht hatten, aber sie überließen diese Arbeit den Frauen. Nachdem die Spanier Wolle einführten, wurden sie die hervorragendsten Weber Nordamerikas. Ihre Muster sind vollkommen anders als die der Puebloindianer. Viel später lernten sie von den Spaniern das Anfertigen von Silberschmuck und wurden die besten Silberschmiede des Südwestens.

Die Navaho ahmten auch die Sippen der westlichen Puebloindianer mit der Vorrangstellung der Mütter nach, aber ohne das Vorhandensein einer Sippenmutter. Ein Mann war so lange »Gast« im Hause seiner Frau, bis sie sich von ihm trennte. Bei den Puebloindianern war die alte Mutter das Haupt im Hause. Bei den Navaho baute sich das junge Paar eine eigene Wohnung, und der Mann und seine Schwiegermutter durften sich weder sehen noch miteinander reden.

Die traditionelle Navahowohnung ist der Hogan. Seine ursprüngliche Form war ein Rahmen aus schweren Pfählen, die wie bei einem Tipi aufgerichtet wurden, mit einem kleinen Vorraum am Eingang, sozusagen eine Kreuzung von Tipi und Erdhütte. Der Hogan hatte ein Loch für den

Rauchabzug wie bei den Tipis und war mit einer dicken Schicht Erde bedeckt. Später wurde daraus ein achteckiger Bau mit einem Kuppeldach.

Entlang der östlichen Grenze von Neumexiko bildeten die Apachen-Stämme – die Jicarillaapachen im Norden, die Mescalero im Süden und die nun fast ausgestorbenen Lipan, die durch das westliche Texas und bis hinein nach Mexiko wanderten – die Brücke zwischen den Kulturen der Ebenen und des Südwestens. Die Jicarilla haben vieles mit den Indianern der Ebenen gemein: die Tipis, das geflochtene Haar und die mit feiner Perlenarbeit verzierte Wildlederkleidung. Viele ihrer Gebräuche erinnern an die Ebenen, aber im Gegensatz zu diesen pflanzten sie in frühen Zeiten Mais, Bohnen und Squash.

Das Wickeyup, eine Wohnung aus Zweigen und Gras, die man auf einem Rahmen aus Stangen anbrachte und die ein rundes oder spitzes Dach hatte, war die typische Behausung der anderen Apachen, der Stämme, die durch das Puebloland in das Herz des Südwestens und von da weiter nach dem nördlichen Mexiko einsickerten. Wenn Frieden war und sie an einem Platz genügend lange bleiben konnten, errichteten sie große bequeme Wohnungen. In Kriegszeiten genügte ihnen eine einfach zusammengebaute Schutzhütte. Eine Apachenbande konnte in Minuten ihr Lager abbrechen und verschwinden.

Diese Banden zogen umher, sammelten eßbare Früchte und wilde Pflanzen, jagten und hielten Ausschau nach einer Gelegenheit für Überfälle. Ihre Führung war demokratisch. Es gab Familien, von denen man erwartete, daß sie den Häuptling stellen würden, aber wenn irgendein anderer Mann mit entsprechenden Fähigkeiten zur Verfügung stand, folgten ihm die anderen, und er wurde bald Häuptling.

Für die Apachen und die Navaho gehörte der Krieg zum Leben. Der Zweck war, Beute und gelegentlich auch Sklaven zu erlangen. Zu diesem Zweck wurden die Männer in ihrer Jugend unerbittlich trainiert. Bei einer dieser Übungen mußten sie in der heißesten Sonne mehrere Kilometer mit

Großer geflochtener Krug, 1920 von den San Carlos-Apachen angefertigt, und Beispiele südwestlicher Korbflechtarbeiten.

Wickeyup der Apachen in der »Indianerstadt« Anadarko, Oklahoma
Rechts: Alte Gegenstände der Jicarillaapachen: Schild, Köcher, Bogen und Pfeile mit Steinspitzen

einem Mund voll Wasser laufen und das Wasser am Ende ausspucken, um zu beweisen, daß sie es nicht hinunterge-schluckt hatten.
Sie wurden so ausdauernd wie möglich, geschickt im Kampf, ausgestattet mit einer unglaublichen Beobachtungsgabe und der Fähigkeit, sich zu verstecken, die an Zauberei grenzt. Alle diese Eigenschaften kamen ihnen zustatten, als die Weißen kamen und sie unterdrückten. Cochise hielt zum Beispiel mit weniger als 200 Kriegern die US-Armee zehn Jahre lang in Schach und zwang die Regierung am Ende, mit einem nicht besiegten Feinde Frieden zu schließen.
Die spanische Niederlassung im Südwesten befand sich in den neunziger Jahren des 16. Jahrhunderts fast ausschließ-lich im Puebloland am Rio Grande. Missionare und kleine

militärische Expeditionen gelangten ostwärts bis zu den
Hopi. Im Gegensatz zu den Engländern waren die Spanier
keine landhungrigen Kolonisten. Sie kamen in verhältnismäßig kleiner Zahl, um zu erobern, zu missionieren und die
Einheimischen auszubeuten. Sie versuchten aber nicht, die
Puebloindianer aus ihrem Land zu vertreiben, sondern wollten, daß sie als ihre Arbeiter und Steuerquelle blieben. Die

alte Religion war verboten. Die Zwangsarbeit glich Sklaverei, die Steuern fraßen Mais und wollene Waren auf, und Kirchen und Priester mußen unterhalten werden. Neunzig Jahre, nachdem die erste spanische Stadt gegründet worden war, gelang den Puebloindianern, was keinem der östlichen Stämme möglich gewesen war, eine gemeinsame, alle Kräfte zusammenfassende Tat. Unter der Führung des Popé aus San Juan erhoben sich alle an einem Tag von den Dörfern am Rio Grande bis zu den über 300 km westwärts wohnenden Hopi. Missionare wurden getötet, und die Indianer fielen über einsam gelegene Gehöfte her. Die Navaho und Apachen taten mit Freuden mit.

Santa Fé wurde belagert und die Spanier in kurzer Zeit gezwungen, es aufzugeben. Der Rückzug kam erst in El Paso (»Der Furt«), dem Übergang über den Rio Grande nach Mexiko, zum Stillstand. Das war 1680. Erst 1693 konnten die Spanier nach Santa Fé zurückkehren.

**Links: In diesem romanti-
schen, aber unfruchtbaren
Lande halten die Navaho
Schafe und Ziegen.**

**Rechts: Ein heutiger Apache
aus den Weißen Bergen
in einem alten Kampfanzug**

Bis zur Pueblorevolution hatten die Spanier ihre Pferde be-
wacht. Es war den Indianern verboten, Tiere zu besitzen.
Während der zwölfjährigen Unabhängigkeit der Indianer
befanden sich die Tiere in Freiheit, vermehrten sich, und die
Navaho und Apachen entdeckten, wie nützlich sie waren.
Die Puebloindianer am Rio Grande mußten sich wieder den
Spaniern unterwerfen. Sie wurden »Christen«, behielten
aber ihre alte Religion bei und wurden um so kühner, je
mehr die militärische Macht dieses sterbenden Reiches in
dieser entfernten Ecke abnahm. Da ihre Zeremonien verboten waren, führten die Indianer sie heimlich durch, und
selbst heutzutage darf kein Weißer einem Pueblomasken-
tanz zusehen.
Die Spanier mögen den Puebloindianern viel Kummer zu-
gefügt haben; aber sie brachten auch Eisen- und Stahlwerk-
zeuge, Wagen, Zugtiere, Weizen, Obstbäume, Schafe und
Rinder.

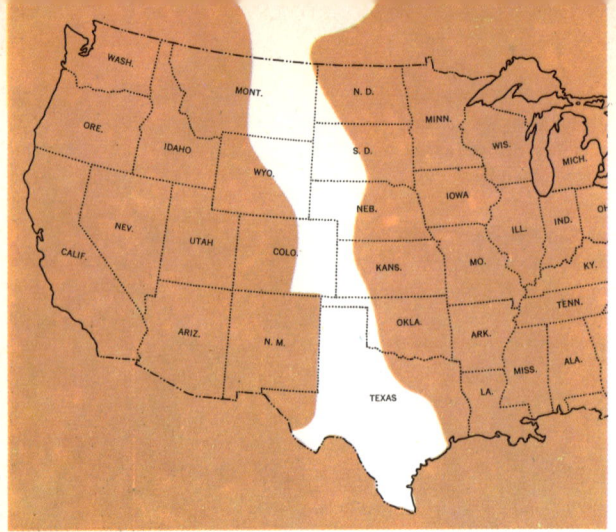

Die weiten, offenen Räume

Zwischen den Abhängen der Rocky Mountains im Westen und der Linie im Osten, hinter der die jährliche Regenmenge 50 cm beträgt, vom Norden jenseits der kanadischen Grenze bis hinunter zum Rio Grande im westlichen Texas, liegt das riesige Gebiet der Hohen Ebenen (High Plains). Es ist eines der größten Grasgebiete der Erde, der uralte Weideplatz von Millionen von Büffeln.

Der Einfluß der höheren Kulturen des Südostens und Südwestens war in dem Gebiet der Hohen Ebenen unbedeutend. Hier konnte man nur an bevorzugten Stellen in einem Flußtal Gärten anlegen, aber auch sie ergaben in trockenen Jahren eine Mißernte. Bevor die Menschen Pferde und Waffen aus Metall hatten, kamen sie aus fruchtbaren Gegenden nur hierher, um Büffel zu jagen. Die ersten französischen und spanischen Berichte erzählen von dort wohnenden, athabascanisch sprechenden, bescheidenen Gruppen von Apachen, die wir Paducah nennen.

Wie bereits im vorhergehenden Kapitel erzählt, verbreiteten sich die nach dem Puebloaufstand im Jahre 1680 wild umherstreifenden Pferde der Spanier östlich und nördlich über die Ebenen. Es kamen auch Pferde von den spanischen Niederlassungen in Kalifornien entlang der Küste nach Oregon. Stämme im Nordwesten landeinwärts fingen diese Pferde und züchteten sie weiter. Die Cayuse wurden so hervorragende Pferdezüchter, daß das Wort »Cayuse« später bei den Cowboys das Wort für Pferd wurde. Sie züchteten eine Rotschimmelrasse mit weißer Hinterhand und Schimmel mit rotbrauner Hinterhand, die man auch heute »Palousa« und »Appalousa« nennt. Sie sind etwas größer als die Pferde des Westens, schnell, stark und ausgezeichnet beim Hüten der Rinderherden zu gebrauchen.

Die Paducah wurden die ersten Reiter, was ihnen ermöglichte, die Pawnee und andere Caddo-Stämme zu plündern. Dann stürmten in der Mitte des 18. Jahrhunderts die uto-aztekischen Comanchen von Wyoming in die Ebenen und fielen bei den Paducah ein.

»Krieger, sein Pferd opfernd« von George Catlin

Ein Lager der Blackfeet im nördlichen Montana um 1850.
Links kommt eine Gruppe Cree zu Besuch, um Waffen und
andere Waren zu tauschen. Die Cree lebten in Kanada östlich
von den Blackfeet. Sie erhielten Erzeugnisse der Weißen von
den Franzosen und Engländern und gaben sie an westlicher
lebende Stämme weiter. Die erhobenen Arme der beiden Führer zeigen die friedlichen Absichten an. Einige Blackfeet haben
wie mittelalterliche Ritter ihre Schilde vor den Tipis aufgestellt.

Die algonkin sprechenden Cheyenne und Arapaho verließen ihre Farmen und zogen westwärts. Die Krähenindianer, nahe Verwandte der Mandan, folgten ihrem Beispiel. Die Blackfeet (»Schwarzfuß«) an der kanadischen Grenze, die auch zur Algonkin-Sprachfamilie gehörten, und die Sioux, die Jäger im Waldland gewesen waren, nahmen die neue Lebensweise an, bei der sich alles um die Büffel drehte. Dieses Leben wurde nicht nur durch die Pferde ermöglicht, sondern ebenso durch die Waren der Weißen: Waffen, Feuerwaffen und Metallwerkzeuge, die man im Osten erhandelte. Die Veränderung vollzog sich mit überraschender Schnelligkeit. Im Jahre 1760 verwendeten die östlichen Sioux ausschließlich Kanus. 1796 hatten sie sich bereits vollkommen auf Pferde umgestellt.

Den Paducah war es unmöglich, sich dieser Eindringlinge zu erwehren. Die meisten zogen sich in den Südwesten zurück und gesellten sich zu ihren Apachenverwandten.

Stämme wie die Cheyenne, die bisher Ackerbau getrieben

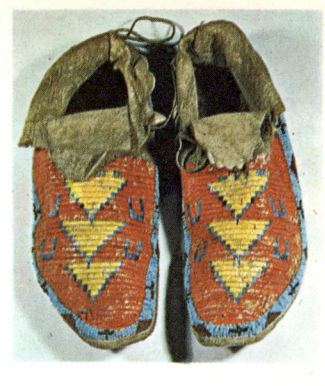

Links: Beispiel einer bemalten Tipibedeckung der Kiowa aus Büffelhaut. Die eine Hälfte zeigt eine sehr lebendige Darstellung eines Kampfes mit den Truppen der Vereinigten Staaten. Oben: Cheyennenmokassins, verziert mit Stachelschweinborsten

hatten, gaben diesen ganz auf oder bepflanzten nur noch kleine Flecken mit Tabak, den sie für ihre Zeremonien brauchten.

Die westlichen Bauern verlegten sich in großem Maße auf die Büffeljagd. Die Jagd auf diese Tiere wurde ein aufregender und höchst einträglicher Sport. Die Pferde trugen die Häute, die nötig waren, um große Tipis zu errichten. Sie schleppten auch lange Tipistangen, auf die man die gesamte Habe des Stammes auflud, wenn man weiterzog.

Kamen die Büffel, lebte man im Überfluß. Nahrung war reichlich vorhanden. Im Winter, wenn die Büffel weggezogen waren, ging es mager zu. Die Indianer hielten sich für diese Zeit einen großen Vorrat von Fleisch, das sie in dünne Streifen geschnitten und in der Sonne getrocknet hatten. Sie machten Pemmican, indem sie getrocknetes Fleisch zerstießen, es mit getrockneten, zerdrückten Beeren vermischten, dies in Säcke füllten und geschmolzenes Fett oder Knochenmark darübergossen. Pemmican war sehr nahrhaft.

War die Büffeljagd gut, gab es im Dorf Essen im Überfluß.
Jedermann aß, soviel er konnte. Während die Frauen mit
dem Gerben und Verarbeiten der Häute und dem Trocknen
des Fleisches beschäftigt waren, hatten die Männer Zeit für
Vergnügen und Spiele. Und das größte aller Spiele war für
sie der Krieg.
Alles geschah mit dem Zweck, Ruhm zu erlangen oder einen
Angriff zu rächen. Meistens schlich sich ein Mann oder eine
kleine Gruppe in das Lager des anderen Stammes und versuchte, mit so vielen Pferden wie möglich heimzukehren. Es
war besonders ehrenhaft, mitten in das Dorf zu gehen, um

das Lieblingspferd eines berühmten Kriegers zu stehlen, das in der Nähe seines Zeltes angebunden war. Man stahl die Pferde nicht aus wirtschaftlichen Gründen, sondern aus Ruhmsucht. Der Stamm, der überfallen worden war, tat sein möglichstes, die Eindringlinge zu töten, wenn diese entdeckt wurden, bevor sie wieder verschwanden. Ein wirklicher Krieg entstand, wenn ein Stamm in das Gebiet eines anderen Stammes ziehen wollte.

Erfolge im Krieg brachten Ehre und Rang. Viele Männer, die von den Weißen »Häuptling« genannt wurden, waren Krieger, die Mut bewiesen hatten und entsprechend geehrt

Cheyennenhalskette, um 1876. Der Besitzer schmückte sie mit den Mittelfingern von im Kampf getöteten Feinden.

»Er, der über alles springt«, ein Krieger der Krähenindianer, gemalt von Catlin. Das lang wehende Haar war für die Krähenindianer typisch, aber die Pferde trugen nur bei ganz besonderen Gelegenheiten einen Kriegskopfschmuck.

worden waren und die man ausgewählt hatte, den Kampf zu führen. Sie hatten keinerlei regierende Gewalt.

Viele Stämme, vor allem die Sioux, verwendeten eine Art Federheraldik, bei der Adlerfedern im Haar oder als Kopfschmuck Verdienste des Trägers anzeigten. Daraus entwickelte sich der bekannte »Kriegskopfschmuck« mit einem Federschweif, der den Rücken hinabhing. Frühere Darstellungen zeigen diesen Federschweif häufig an einem Kopfschmuck aus Fell, an dem zwei Hörner angebracht sind. Nur aus Federn bestehende Kopfbedeckungen waren weniger gebräuchlich.

Es ist selbstverständlich, daß Menschen, die aus den verschiedenen Richtungen in ein Gebiet kommen, sich in vielen Dingen unterscheiden. Es gab z. B. in den Ebenen sechs verschiedene Sprachfamilien und mehr als 22 andere Sprachen. Um sich verständigen zu können, entwickelten die Stämme eine Zeichensprache, mit der auch schwierige Unterhaltungen geführt werden konnten.

Es gab Stämme, deren Sippen die Abstammung von der Mutter, andere, die sie vom Vater ableiteten, wieder andere hatten keine Sippen. Bei einigen Stämmen zog der Mann in das Lager seiner Frau, bei anderen war es umgekehrt. Manche warben mit Flötenspiel um ein Mädchen. Es kamen Entführungen vor; aber normalerweise kaufte man nach der Werbung die Braut von der Familie. Der Preis wurde in Pferden bezahlt. Das bedeutete nicht, daß die Braut *verkauft* wurde. Die Zahl der Pferde sollte nur anzeigen, wie sehr sie von ihrem Mann geliebt und wie ungern sie von ihrer Familie weggegeben wurde.

Die Stammesorganisation war locker und demokratisch. In besonderen Zeiten, wie z. B. während einer Jagd, sorgte die Stammespolizei für eiserne Disziplin. In anderen Zeiten war die allgemeine Meinung ausschlaggebend. Die Häuptlinge wurden geachtet; sie gaben Ratschläge, aber keine Befehle. Wenn zwei Männer in Streit gerieten, konnte der Häuptling, der die heilige Pfeife trug, versuchen, dem Streit ein Ende zu bereiten, aber er wandte keine Gewalt an. Bei den Cheyen-

»Siouxlehrer«, ein Bild von Oscar Howe. Der Mann erklärt den Knaben die Heldentaten, die auf sein Tipi gemalt sind. Die Indianer der Ebenen waren nicht gerade bescheiden in der Darstellung und Beschreibung ihrer Erfolge, aber sie mußten bei der Wahrheit bleiben, sonst wurden sie mit Verachtung bestraft.

ne, die ein kompliziertes Rechtssystem hatten, war Mord ein schweres Verbrechen. Er schadete dem ganzen Stamm. Mord entheiligte die heiligen Pfeile, ihren heiligsten Besitz und Sitz der heiligen Kraft. Der Mörder kam vor den Rat der Häuptlinge und konnte bis zu einem zehnjährigen Aufenthalt im Exil verurteilt werden.

Bei den Krähenindianern war Mord eine Privatsache, die nur die Sippe des Mörders und des Ermordeten etwas anging. Die Polizei mischte sich ein, nicht um den Mörder zu verhaften oder zu bestrafen, sondern um den Mörder und seine Leute zu überreden, an die Hinterbliebenen eine an-

gemessene Summe zu bezahlen, um eine unheilstiftende Fehde zu vermeiden.

Die »Gesellschaften« der Bewohner der Ebenen, die denen der Bauernstämme westlich des Mississippi ähnelten, sind merkwürdige Einrichtungen. Manche Stämme hatten sowohl für die Männer als auch für die Frauen Gesellschaften, andere nur für Männer. Manche waren rein religiös, wie die Tabakgesellschaft der Krähenindianer, die den heiligen Tabak pflanzte und Zeremonien hatte, bei denen er verwendet wurde. Andere waren in erster Linie militärisch mit stark religiöser Färbung, wie die Hundegesellschaft der Mandan

»Kriegsadler«, Führer der Yankton-Sioux (oben) und
»Rote Wolke«, der Führer der Ogalala-Sioux, um 1880.
Die einzelne Feder von »Rote Wolke« war gebräuchli-
cher als der königliche Schmuck von »Kriegsadler«.

und einer Anzahl Stämme der nördlichen Ebenen. Diese
Männer übernahmen die Aufgaben der Polizei und waren zu
außerordentlichem Heldentum im Krieg verpflichtet.
Die Religion war, wie die der meisten westlichen Bauern,

Schamanismus, aber es gab einige größere und viele kleinere
Rituale, zu denen man Priester benötigte. Die Indianer der
Ebenen und ihre näheren östlichen Nachbarn bauten alles,
was mit Visionen zusammenhing, stark aus. Magische, religiöse Kräfte, die Gabe der Heilung, deren Besitz mit Recht
gestattete, den Namen »Medizinmann« zu führen, und die
Ermächtigung, ein heiliges Bündel zu machen, stammten
aus Visionen. Eine Vision konnte der Anlaß zu einem Krieg
oder zu der Teilnahme daran werden.

Gerüst, auf dem die Leiche eines Sioux-Häuptlings ruht (1834).
Die Sitte, die Toten auf ein Gerüst zu legen, statt sie zu beerdi-

gen, stammt wohl aus Asien. Die Gebeine wurden später in Felsspalten bestattet.

Winterspiele der Cheyenne.
Frauen beim Glücksspiel, Ringen, Tanzen, Schlittenfahren,

Kreiseltreiben, »Schneeschlangen-Wurfspiel« und »Stecken in den Ring werfen«.

Eine Zeremonie der Sioux, gemalt von George Catlin. Der Krieger wurde während seines ganzen Lebens geachtet und geehrt, wenn er so von Sonnenaufgang bis zum Sonnenuntergang stehen konnte, ohne ohnmächtig zu werden oder zu fallen.

Rechts unten: »Und sie zogen ohne ihn weiter«, Gemälde von Black Bear Bosin. Die Köpfe und Schwänze der Lieblingspferde des Toten wurden an das Gerüst gebunden.

Visionen waren so wichtig, daß ein Mann ohne sie kaum handeln konnte. In verschiedenen Altersstufen, gewöhnlich in den Jünglingsjahren, versuchten junge Männer eine Vision zu erleben. Sie ritten allein weg, fasteten, schnitten sich oft das Gelenk eines Fingers entzwei oder verstümmelten sich sonst, um ein Opfer darzubringen.

Es war ein großes Glück, daß sich unter den Weißen, die zuerst zu den Indianern der Ebenen und ihren Nachbarn gingen, George Catlin, der amerikanische Künstler, und der Naturwissenschaftler Prinz Maximilian zu Wied mit dem Maler Karl Bodmer in seinem Gefolge befanden. Sie machten sich Anfang 1830 auf den Weg und beschrieben zu einer Zeit, als Berührungen mit Weißen noch selten waren, die Kultur, die sich damals auf ihrer Höhe befand.

Die neuen Stämme stießen in den zwanziger Jahren des 18. Jahrhunderts auf die Großen Ebenen vor. Wir können also

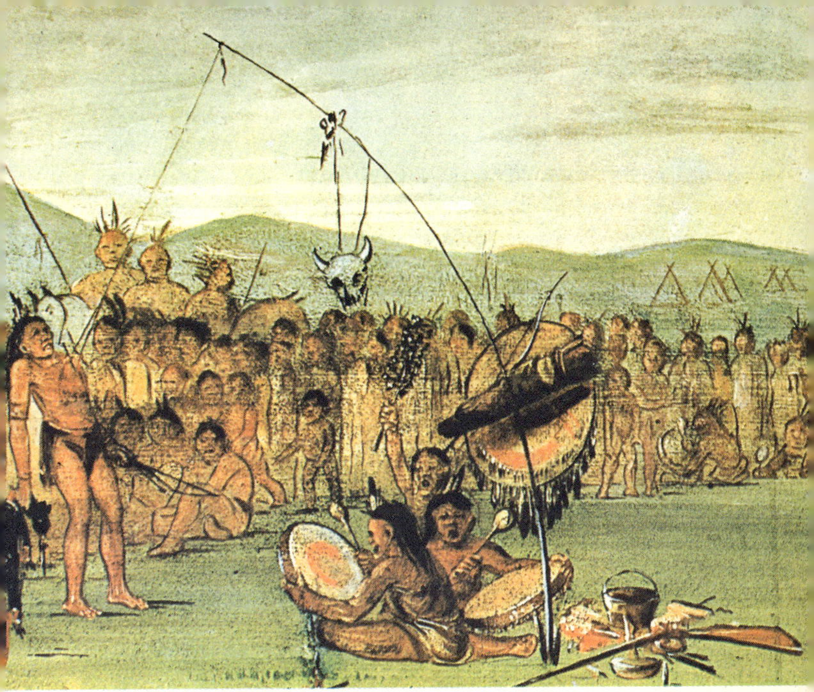
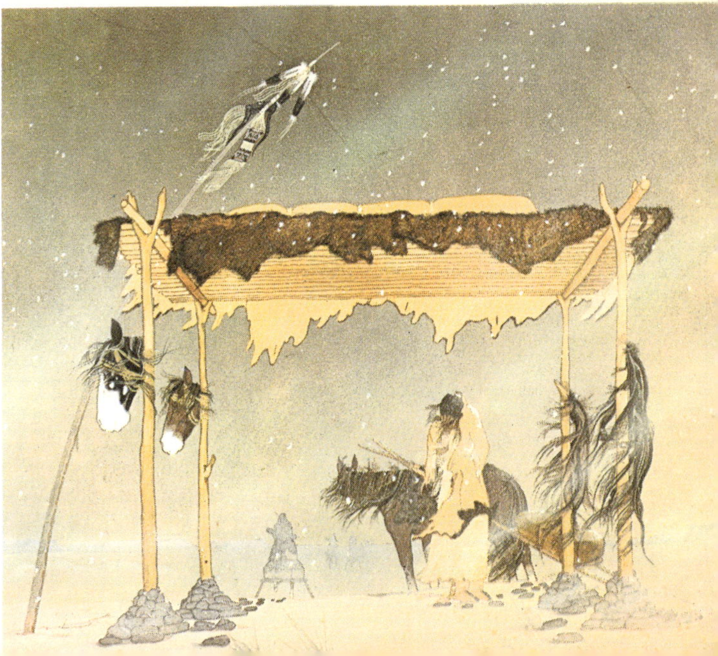

sagen, daß um 1730 das Leben auf den Ebenen, so wie wir es
kennen, seinen Anfang nahm, mit einer Kultur, die auf die
westlichen Bauern zurückgeht und sich auf Pferde und Waffen stützt, die die Weißen gebracht hatten. Kurz nach 1800

**Freigebigkeit gegen die Armen des Stammes und friedliche
Besucher war ein auffallender Charakterzug der Indianer. Catlins Bild zeigt das Fest, das die Indianer ihm und seinen Beglei-
tern bereiteten.**

befand sich diese Kultur auf ihrem Höhepunkt.

Aber sie verschwand beinahe so schnell, wie sie sich entwikkelt hatte. Bereits 1850 bestanden Wege vom Osten zu den wachsenden Ansiedlungen an der Pazifischen Küste, die durch den Norden und Süden der Hohen Ebenen führten. Die Stämme konnten nicht verstehen, warum Fremde in ihr Land eindrangen, das Wild töteten, Befestigungen bauten und sich sogar ohne Erlaubnis niederließen. Sie überfielen

die Eindringlinge, und die Eindringlinge schlugen mit Armeen zurück.

Es gab kleinere Kämpfe und dann Verträge. Gold wurde in den heiligen Black Hills (»Schwarze Berge«) der Sioux gefunden. Ihr Vertrag wurde daraufhin zerrissen. Im Osten bestand eine große Nachfrage nach Büffelfellen. In jenen Tagen fuhren die Menschen im Winter in Schlitten oder ungeheizten Pferdewagen, und Büffelfelle boten Schutz gegen die Kälte. Die Büffeljäger erschienen, berufsmäßige

Letztes Stadium der Schlacht am Little Big Horn River, Custers Kavallerie ist abgestiegen und versucht die Indianer, die sie umzingeln, abzuschießen.

Schlächter, die die Herden aus der Entfernung mit Gewehren um ihrer Felle willen töteten. Diese verschwenderische Ausrottung der Tiere erschreckte und verärgerte die Indianer aufs tiefste.

Sie kämpften und sahen bald, daß sie einem Feind gegenüberstanden, der in der Überzahl und mit überragenden Waffen ausgerüstet war und tötete, was ihm in den Weg kam. Dieser Feind hatte Führer wie die Generale Crook, Howard und Miles, die gegen die Indianer ehrenhaft kämpften und verhandelten. Es gab aber auch andere, z. B. General Custer. Custer war im Jahre 1868 sowohl mit den militärischen Behörden als auch mit der Öffentlichkeit wegen verschiedener Mißerfolge und Vergehen in Schwierigkeiten ge-

raten. Er versuchte seinen Ruf zu bessern, indem er eine Reihe vollkommen friedlicher Dörfer überfiel und Männer, Frauen und Kinder tötete. 1876 führte Sitting Bull (»Sitzender Ochse«) den letzten großen Widerstand gegen die Weißen an. Custer kam zu einem großen Indianerdorf am Little Big Horn River, das gerade mit einer überlegenen

Fort Laramie in Wyoming, ein früher Vorposten der Vereinigten Staaten im Gebiet der Ebenen. Diese Forts dienten vorwiegend als Handelszentren.

Streitkraft von Sioux und Cheyenne besetzt war, die eben 1000 Mann unter General Crook geschlagen hatten. Custer sandte einen kleinen Trupp unter Major Reno voraus, genug, um die Indianer auf seine Anwesenheit aufmerksam zu machen. Dann führte er blindlings seine Kavallerie zum Angriff. Er und alle seine Leute wurden getötet. Seltsamerweise wurde er durch diesen Beweis seiner Dummheit ein Held – ein Titel, den er schwerlich verdient.

Dieser Sieg war ein letztes Aufflackern der Macht der Indianer. Ein Stamm nach dem anderen wurde zerschlagen.

Büffelhautschild von Bull Elk, einem Häuptling der Krähenindianer, angefertigt um 1860

Rechts: Sitting Bull kurz vor seinem Tode

Die kämpfenden Stämme ergaben sich nicht so leicht. Es kam zu Aufständen, Überfällen aus Hunger und Verzweiflung. Für kurze Zeit hatten sie ein wunderbares Leben geführt und eine Kultur begründet, die sich groß hätte entfalten können, wenn man ihr Zeit gelassen hätte. Sie versuchten dieses Leben gegen eine hoffnungslose Übermacht zu halten. Als alles am dunkelsten schien, gab ihnen die neue »Geistertanzreligion«, die auf Seite 227 beschrieben wird, einen Funken neuer Hoffnung. Am 15. Dezember 1890 wurde Sitting Bull in einem Kampf mit der Indianerpolizei auf der Pine Ridge Reservation getötet. Die Nachricht verbreitete sich schnell. Am 22. Dezember kampierte eine Schar Sioux unter dem Häuptling Big Foot (»Großer Fuß«), unter einer starken Kavalleriebewachung am Wounded Knee (»Verletztes Knie«). Sie gehörten alle der Geistertanzreligion an und waren auf der Rückkehr in ihre Reser-

vation. Eine Batterie von Schnellfeuer-Hotchkiss-Kanonen wurde auf das Lager gerichtet. Am nächsten Tag begannen die Soldaten die Indianer zu entwaffnen, und irgend jemand, wahrscheinlich ein Sioux, obwohl das nicht sicher ist, gab einen Schuß ab. Die Kanonen eröffneten ein rasendes Feuer mit Explosivgeschossen, und die Soldaten griffen ein: 60 Soldaten, 200 Sioux – Frauen, Männer und Kinder – wurden innerhalb weniger Minuten getötet oder verwundet. Das war die Schlacht am Wounded Knee und bedeutete das Ende.

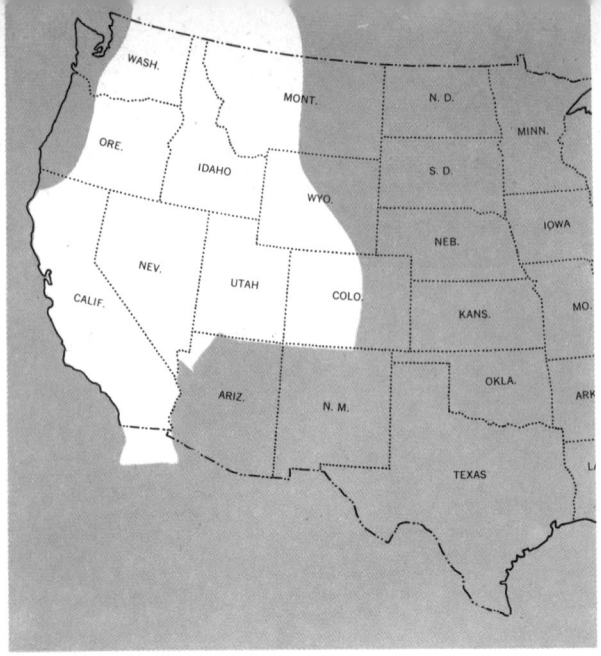

Hinter den
leuchtenden Bergen

Die ersten Männer, die die Ebenen überquerten, nannten
die schneebedeckten Gipfel, die die aufgehende Sonne be-
schien, die »Leuchtenden Berge«. Prosaische Menschen gaben ihnen später einen anderen Namen: »Rocky Mountains« – Felsengebirge. Sie sind der nördliche Teil der Ge-
birgsketten, die das Rückgrat des amerikanischen Kontinents bilden. Zwischen ihnen und der Wüste am Rande des
Südwestens liegt das Land, das von den höheren Kulturen,
die ihren Ursprung in Mexiko hatten, nie erreicht wurde.
In diesem riesigen Gebiet gab es keine scharfen Trennungslinien zwischen den verschiedenen Lebensbedingungen. Die
Stämme im nordwestlichen Arizona pflanzten Mais.

»Das Maisfeld des Teufels«, eine Ansicht des Todestals in Kalifornien. In der Nachmittagssonne glänzen die Büsche wie ein Maisfeld. Das ist aber auch die einzige Ähnlichkeit. In diesem unfruchtbaren Land, in dem keine Felder angelegt werden konnten, ernährten sich die Indianer von Wurzeln und Samen, die sie sammelten, von kleinen Säugetieren, gelegentlich von einem Hirsch und von Insekten.

Ein Lager der Shoshone auf dem Plateau von Wyoming. Die östlichen Shoshone lebten etwa wie die Indianer der Ebenen, die südlichen waren arme Wüstenwanderer.

Paiute mit Wildlederhemden, fotografiert 1872 in der Nähe des Grand Cañons, wo es sehr viel Wild gab. Der kniende Mann macht ein Feuer, indem er einen Stock wie einen Quirl dreht.

Rechts: Korb, hergestellt von den Paiute. Dieser Stamm war für seine ausgezeichneten Korbflechtereien bekannt.

Die Ute im Gebiet der hohen Berge hatten eine Kultur, die vieles von den Ebenen übernommen hatte. Die Shoshone und ihre nahen Verwandten verteilten sich über den Norden durch Wyoming, das nördliche Utah und südliche Idaho. Die im Osten wohnenden Stämme zogen aus, um Büffel zu jagen, hatten genug Gras, um eine ansehnliche Zahl Pferde zu weiden, besaßen geräumige Tipis und lebten wie die Indianer der Ebenen. Diejenigen, die sich am westlichen Ende befanden, waren bettelarme Wüstenbewohner.

Die Anthropologen teilen diese große Region in drei Gebiete ein: das Große Becken, das Plateau (die Hochebene) und Kalifornien. Es gab viele Sprachen, und es bestanden beträchtliche Unterschiede in der Lebensweise. Mit Ausnahme einiger Stämme an der Grenze des Südwestens war eines allen gemeinsam: Sie trieben keinen Ackerbau und hatten alle dieselben Grundelemente einer Kultur, die nie durch mexikanische Einflüsse verändert worden war.

Das niedere Land in der Mitte dieses Gebiets nennt man das »Große Becken«. Vor 15 000 Jahren, als die ersten Bewohner langsam den Kontinent hinabwanderten, befanden sich im Becken 68 große Seen. Vor 1000 Jahren gab es noch genug Wasser, um Ackerbau und damit das Eindringen der Pueblokultur zu ermöglichen. Aber heute ist nichts mehr

**Wickeyup, eine Hütte aus Beifußbüschen, gebaut von den nörd-
lichen Paiute im südöstlichen Kalifornien, fotografiert 1903**

vorhanden. Das Land bietet einen schrecklichen und furcht-
erregenden Anblick, der sich nur dort ändert, wo es durch
Bewässerung kultiviert wurde.

Die Menschen, die in dieser Wüste oder in ihrer Nähe wohnten, verwandten ihre ganze Energie darauf, am Leben zu
bleiben. In ihrem ständigen Lebenskampf war kein Platz für
kulturelle Dinge. Nur was dem Weiterleben nützte, war
sinnvoll. Sie lebten in einem Land, das auch vielen Weißen
das Leben kostete.

Die Paiute und ihre Verwandten in der westlichen Einöde
kannten nur eine Kultur des »Einsammelns«, d.h. sie wid-
meten ihre ganze Energie dem Einsammeln eßbarer Dinge
und gruben alle Arten von Wurzeln aus, weswegen sie von
den ersten Weißen »Diggers« (Ausgräber) genannt wurden.
Sie sammelten auch die reifen Samen von Wildgras. Bei den
hier herrschenden Verhältnissen konnte sich aber daraus
kein Ackerbau entwickeln.

Sie machten Jagd auf alle Tiere, die in ihrem Gebiet zu finden waren. Eine Gruppe Männer brauchte unter Umstän-
den Tage, um einem Hirsch zu begegnen. Es war für sie ein
großes und seltenes Tier. Wo es Antilopen gab, versammel-

Tanzhut mit Federn, hergestellt von Paiute.

Unten: Perlenbestickte Tasche der Yakima im Staat Washington

Eine Flachkopfindianerfrau mit ihrem Kind, gemalt von Paul Kane, wahrscheinlich um 1850. Die eigentümliche Kopfform der Frau kommt von den Bandagen, die man bereits den Säuglingen anlegte (siehe Bild).

ten sich die einzelnen Gruppen jährlich einmal zu einer Treibjagd, bei der die schnellen Tiere in eine Umzäunung aus Büschen getrieben und dort getötet wurden. Dann konnten sich für kurze Zeit alle an dem Fleisch satt essen, und nachdem so viele Menschen an einem Platze versammelt waren, gab es etwas Ähnliches wie Zeremonien, man tanzte und war vergnügt.

Sie jagten Präriehunde, Erdeichhörnchen und Kaninchen und verschmähten auch die Mäuse nicht. Man fing Kaninchen und Vögel, indem man sie in Netze trieb, die manchmal 2,5 m hoch und 9 m breit waren. Sie »jagten« Heuschrecken, indem sie sie in Gräben trieben, fingen und dann rösteten.

Eine große Familie konnte alles Eßbare innerhalb mehrerer Kilometer um ihr Lager in kurzer Zeit aufessen. Dann mußte sie weiterziehen. So waren die Menschen gezwungen, in kleinen Gruppen weit verstreut zu leben. Ihre Unterkünfte waren einfache Wickeyups, primitive Behausungen aus Reisig.

Sippen fehlten. Es war keinerlei Organisation vorhanden. Ebenso bestand die Religion aus dem einfachsten Schamanismus. Ein Mann, der durch Träume inspiriert worden war, heilte durch Zauberei, oder man glaubte, daß er die Macht habe, eine erfolgreiche Jagd herbeizuführen. Man brachte ihm Achtung entgegen, aber die Belohnung war gering, und ein Medizinmann, dem mehrere Patienten gestorben waren, konnte getötet werden.

Man fertigte Flechtarbeiten und Netze. Die Netze waren wichtig zum Fangen von Kleinwild. Die Flechttechnik wurde für viele Dinge verwendet. Die Paiute im Süden verfertigten außergewöhnlich schöne Flechtarbeiten, und man nimmt an, daß die Navaho und Apachen die Technik von ihnen lernten.

Frauen flochten Hüte. Man kochte in Körben. Steine wurden erhitzt, bis sie glühten, und dann in einen Korb voll Wasser geworfen, das dadurch zum Kochen gebracht wurde. Man nannte das »Steinkochen«. Diese Methode war unter den Indianern überall da gebräuchlich, wo keine Töpfe zur Verfügung standen. Die Indianer der Ebenen benutzten dazu gereinigte Büffelmägen.

Wenn die Verhältnisse es möglich machten, verbesserten die Bewohner des Großen Beckens ihre Lebensumstände.

Lager der Shoshone von Wyoming. Im Vordergrund befindet sich das Zelt des Häuptlings Washakie.

Im nordwestlichen Arizona bebauten die yuma sprechenden Walapai etwas Land. Östlich von ihnen, in einem schönen, gut bewässerten Cañon, der vom Süden zum Grand Cañon führt, trieben ihre nahen Verwandten, die Havasupai, Akkerbau in einem größeren Ausmaß und machten schöne Töpfereien. Man kann sie als Bewohner des Südwestens bezeichnen.

Ein Zweig der Beckenbewohner, sowohl Uto-Azteken als auch Yuma, verteilte sich über die heiße Gegend von Südkalifornien bis ans Meer. Ihre Kultur enthält in verschiedenen Abstufungen Elemente der Kultur der südwestlichen Yuma. Die Rocky Mountains bilden den östlichen Rand des Bekkens. Sie sind für den Ackerbau ungeeignet, sind aber ein

gutes Jagdgebiet. Bereits vor der Ankunft der Pferde gab es hier große Stämme wie die Ute. Nachdem sie in den Besitz von Pferden gelangt waren, nahmen sie viele Elemente der Kultur der Ebenen an. Sie waren so kriegerisch, daß sie sogar von den immer kampfbereiten Navaho gefürchtet wurden.

Nach Norden steigt das Große Becken ständig an und wird zur Hochebene von Idaho, Oregon, Washington und dem östlichen Montana. Die westlich lebenden Stämme konnten in den Flüssen Lachse fangen, die vom Pazifischen Ozean stromaufwärts wanderten. In manchen Gegenden gab es sehr viele Camas, eine Lilienart, deren Knolle sich ausgezeichnet zum Essen eignet.

Die Pomo stellten ausgezeichnete Netze her, die sie zum Fangen von Fischen, Vögeln und kleinen Tieren benützten. Ein Junge hat einen Vogel aus einem Netz genommen, das ein älterer Mann hält.

Korbhut der Paiute. Solche Hüte wurden von den Bewohnern des Beckens, des Plateaus, des kalifornischen Gebiets und von Stämmen der Nordwestküste hergestellt.
Unten: Hut der Klamath mit Muschelschmuck

Die Stämme hatten eine etwas straffere Organisation. Im Sommer lebten sie, auf der Suche nach Nahrung, in kleinen Gruppen. Im Winter, nachdem ein großer Vorrat angelegt worden war, hatten sie Zusammenkünfte, bei denen sich der größte Teil des Stammes traf.

Wie die Wüstenbewohner waren auch die Bewohner des Plateaus Korbmacher. Sie bauten sich Hütten aus Buschwerk, die oft einen Rahmen mit einem Giebel hatten und größer waren als die der Wüstenbewohner. Manche Plateau-Indianer bedeckten diese Rahmen mit gewebten Matten. Einige Stämme lebten im Winter in Erdwohnungen.

Die Kraft, die von Visionen kam, war für die Bewohner des Plateaus lebenswichtig. Es hatten sowohl Männer wie Frauen Visionen. Junge Männer ritzten sich mit Dornen, badeten in eisigem Wasser und hungerten, um sie zu erlangen. Durch Visionen bekam ein Mann Schutzgeister, die nach seinem Tod wiederkehrten, um zu beweisen, daß dieser Mann gesegnet worden war.

Im ganzen gesehen, waren die Bewohner des Plateaus friedlich. Sie kämpften nur, wenn sie sich verteidigen mußten.

Die Ankunft der Pferde rief große Veränderungen hervor. Die Stämme, die bisher zu Fuß auszogen oder Kanus aus Rinde oder ausgehöhlten Baumstämmen benutzt hatten, wurden beweglicher. Einige drängten zu den Ebenen, von denen sie aber immer wieder von den Blackfeet, den Sioux und anderen verdrängt wurden. Viele konnten häufig Büffeljagden veranstalten. Diejenigen Stämme, für die das Büffelgebiet zu weit entfernt lag, hatten Nutzen aus dem zunehmenden Austausch von Muscheln und Pferden gegen Fleisch und Felle. Selbst die östlichen Stämme schlossen sich ihrer Ansicht der Einschätzung des Krieges an. Tipis wurden nun auch im westlichen Teil der Ebenen benutzt.

Die Küstenebenen von Kalifornien und hinauf bis Oregon wurden von vielen kleinen Stämmen bewohnt, zu deren vielen bereits erwähnten Sprachfamilien auch noch zwei neue kamen, die Yukian und Penutian. Das Gebiet wurde an der einen Seite vom Ozean, an der anderen von hohen Gebirgen begrenzt. Das Klima war mild, und es gab genügend Nahrung. Wandernde Gruppen, die hier durchkamen, blieben,

Die Mission in Santa Barbara, ein Mittelpunkt für die kalifornischen Missionsindianer

und es gesellten sich zu ihnen andere, die, aus irgendeinem Grunde Zuflucht suchend, über das Gebirge kamen.

Den kalifornischen Indianern boten sich gute Jagd- und Fischereimöglichkeiten. Sie entwickelten geradezu geniale Methoden, um mit ihren einfachen Mitteln erfolgreich jagen und fischen zu können.

Es gab viele Eichen. Da die Eicheln durch die bittere Gerbsäure ungenießbar waren, hatte man ein besonderes Verfahren entwickelt, um sie schmackhaft zu machen: Die Eicheln wurden in Wasser ausgelaugt, getrocknet und geröstet. Dann konnte das Mehl zur Herstellung eines Breis benutzt werden.

Kalifornische Indianer stellten die besten amerikanischen Flechtarbeiten her. Ihre Arbeiten sind außergewöhnlich, sowohl was die Technik als auch die Muster und die Feinheit des Geflechtes anbelangt. Einige Körbe, in die man Federn einwebte, wirken, als wenn sie mit Juwelen eingelegt wären. Wie die Indianer der Nordatlantischen Küste hatten auch die kalifornischen eine Art Muschelgeld, das aus verschiedenen Muschelschalen hergestellt wurde.

Die kalifornischen Indianer waren während des Sommers unterwegs, um Nahrung einzusammeln. Selten fanden sie an einem Platz so viel zu essen, daß sie sich niederlassen konnten. Ihr Vorrat wurde aber groß genug, um im Winter in größeren Gruppen ein Dorfleben zu führen. Die Stämme lebten voneinander getrennt. Die meisten waren in Sippen eingeteilt, die die Abstammung auf den Vater zurückführten.

Im südlichen Teil bauten sie kegelförmige Häuser. Sie benutzten einen Rahmen aus Stangen, der dicht mit Grasbündeln, die man an Wurzeln befestigt hatte, bedeckt wurde. Manche Häuser hatten ein Loch zum Abzug des Rauches, fast alle hatten zwei kleine Eingänge, die sich gegenüberlagen, um eine Zirkulation der Luft zu ermöglichen. Im Norden waren die Häuser fester gebaut und befanden sich häufig teilweise unter der Erde.

Die Religion und Zeremonien der Kalifornier bestehen einesteils aus den spärlichen Kultformen der wandernden Wüstenbewohner, andererseits aus den reichen, festgelegten Ritualen der Bauern. Es fanden sich Zeremonien, die das Wiederkommen des Lachses sichern sollten. Bei manchen Zeremonien trugen die Tänzer Masken, bei anderen waren die Tänzer vollkommen mit Federn verkleidet, ein Brauch, der wohl von den Kachinas der Puebloindianer stammt. Einige Stämme machten einfache Erdmalereien, angeregt durch die südwestlichen Sandbilder, indem sie trockene Farben in einen Kreis aus glatter Erde streuten.

Für die kalifornischen Stämme bildete die Aufnahme von Mädchen und Knaben in den Kreis der Erwachsenen Anlaß zu einer größeren Zeremonie. Da auch sie glaubten, daß Visionen für einen Mann wesentlich seien, verhalfen sie den jungen Männern zu Visionen, indem sie ihnen ein wirksames Rauschgift gaben, das aus der Wurzel des Jimsongrases gebraut wurde.

Die Kalifornier waren eher streitsüchtig als kriegliebend. Jeder kleine Stamm hütete eifersüchtig sein kleines Territorium und schritt augenblicklich gegen Eindringlinge ein. Ein Stamm, die Maidu, hatten sogar Wachen an den Grenzen aufgestellt. Wenn ernsthafte Schwierigkeiten entstanden, stellten sich die zwei Stämme einander gegenüber auf und suchten zwei »Champions« aus, die für den Stamm stellvertretend kämpfen mußten. Nach dem Kampf begann ein langes Beraten und Feilschen, das mit einer Bezahlung in Muscheln endete, und damit war die Sache erledigt.

Die Spanier besetzten das südliche Kalifornien und Neumexiko. In Kalifornien errichteten sie große Missionsstationen. Die Priester sammelten die wandernden Indianer und wandten dabei oft Gewalt an. Man wollte sie in Dörfern ansiedeln, sie nützliche Dinge wie den Ackerbau lehren und aus ihnen christliche Zwangsarbeiter machen.

Als Mexiko unabhängig wurde, erhielten die Missionsstationen keine Unterstützung mehr, und die meisten mußten geschlossen werden. Nun waren die Missionsindianer hilflos. Sie wußten nicht, wie sie weiterleben sollten. Sie konn-

Indianer der Nez Percé, gemalt von A. J. Miller. Der Nasenring gab diesen Indianern ihren Namen. Nez Percé ist französisch und bedeutet »durchstochene Nase«.

ten weder leben, wie sie es in den alten Zeiten getan hatten, noch konnten sie unter den neuen Verhältnissen für sich selber sorgen. Ihre Lage war schrecklich. Ihre Sorgen wurden vermehrt, als 1849 auch noch Gold gefunden und Kalifornien durch den Goldrausch mit Weißen überschwemmt wurde. Die kleinen Indianergruppen wurden verdrängt, und selbst Stämme weiter nördlich wurden überwältigt.

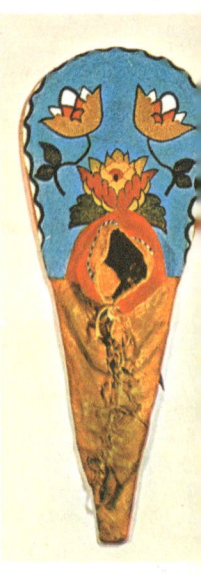

Zuerst beabsichtigten die Weißen nur, durch das Große Becken und über das Plateau zu ziehen. Sie beunruhigten daher die Indianer dieser Gebiete verhältnismäßig wenig. Später aber fingen die Weißen an, ihnen das Land wegzunehmen. Es waren nur wenige Stämme, die in der Lage waren, ernsthafter Widerstand entgegenzusetzen. Auch die Funde von Silber und Gold in Nevada verschlimmerten die Lage der Indianer, und die überall wachsende weiße Bevölkerung verringerte die an sich ungenügenden Ernährungsmöglichkeiten. Den stärkeren Stämmen des Plateaus erging es etwas besser.

Eine Gruppe, ein Teil des lose organisierten Stammes der Nez Percé in Oregon, leistete den berühmten Widerstand unter der Führung ihres Häuptlings Joseph. Auch sie fanden sich einer nur allzu bekannten Situation gegenüber. Sie hatten friedfertig eine Reservation anerkannt. Dann stimmten sie zu, einen Teil dieses Gebietes abzugeben. Aber ein Teil genügte nicht, die Weißen wollten die ganze Heimat des Häuptlings Joseph. Er und sein Trupp verweigerten dies und wehrten sich. Sie kämpften großartig. Aber sie waren hoffnungslos in der Minderheit. Sie beschlossen daher, nach Kanada zu ziehen, wo, wie alle Indianer wußten, Verträge nicht gebrochen wurden.

Am Erfrieren, erschöpft, halb verhungert, wurden sie im Angesicht der kanadischen Grenze eingeholt und umzingelt. Man stellte Häuptling Joseph ehrenhafte Bedingungen, und er ergab sich. Die Abmachungen wurden nicht gehalten, und er und seine Leute wurden nach Oklahoma gebracht, wo viele infolge der niedrigen Höhenlage und des heißen Klimas starben.

Oben: Korb der Pomo um 1910. Er ist auf der Innenseite glatt. Die Außenseite ist mit Federn von der Brust der Wiesenlerche und Kopffedern der Wildente bedeckt.
Unten links: Brustschmuck oder Latz und unten rechts Säuglingstrage, angefertigt von den Nez Percé des Plateaus

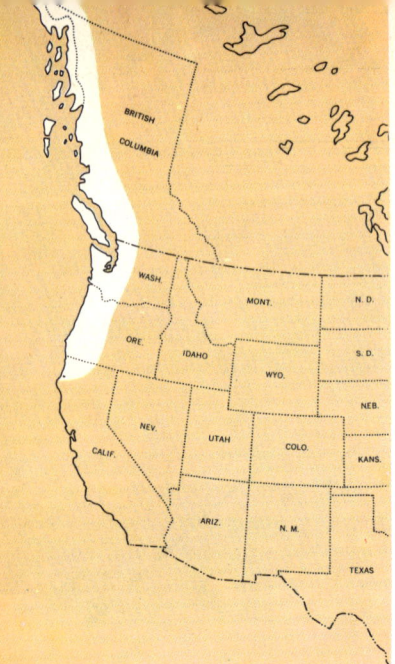

Der Adler, der Rabe und der Wal

Zwischen dem Pazifischen Ozean und den Gebirgen, die an der nördlichen Spitze Kaliforniens beginnen und sich nach Norden durch British Columbia und Alaska bis zu einem Punkt erstrecken, der sich der Küste Alaskas westwärts der Yakutat Bay zuwendet, liegt ein schmaler Streifen Land mit einer Länge von mehr als 2400 km. Diese Region nennt man die Nordwestküste. Die Gebirge Kaliforniens sind sehr hoch, aber die Gipfel der Berge in Oregon, die nur im Norden an wenigen Stellen zu überqueren sind, reichen bis in die Wolken, die vom Ozean landeinwärts getrieben werden und heftige Regengüsse verursachen. Im Norden findet sich zwischen den Bergen und der Küste kaum Raum für ein Dorf. Entlang dieser Küste gab es keinen Ackerbau. Man pflanzte nur etwas Tabak. Statt dessen bot das Meer einen unbegrenzten Vorrat an Walen, Fischen und Muscheln; es gab Robben, Tümmler, Seelöwen und vor allem Lachse, von denen fünf verschiedene Arten jedes Jahr zu Millionen die

Ströme hinaufwanderten. Sobald die Menschen gelernt hatten, ihre reichen Fänge zu konservieren, lebten sie ebenso gut wie die Bauern. Sie hatten reichliche Nahrungsvorräte, es bestand keine Notwendigkeit umherzuwandern, und sie hatten Zeit für Dinge, die nicht unbedingt notwendig waren, um den Lebenskampf bestehen zu können.

Hemd der Tlingit. Die gemalte Figur stellt einen Bären dar. Der Bär ist an bestimmten Zeichen zu erkennen, die die Bewohner der Nordwestküste benutzten, z. B. an dem großen Maul und ebensolchen Zähnen, den aufrecht stehenden Ohren und den realistisch dargestellten Klauen.

Hinterer Teil eines Kanus, wie es die Haida bei feierlichen
Gelegenheiten benutzten. Die Figuren sind Nachbildungen,
aber die meisten Gegenstände Originale. Es wird die Fahrt

zu einem Potlatch dargestellt. Der Häuptling in vollem Schmuck steht am Heck. Vor ihm befindet sich ein Bärentänzer.

Die Menschen kochten in wasserdichten Körben mit Hilfe von heißen Steinen, dämpften ihre Nahrung mit heißen Steinen in Gruben oder aßen Gebratenes. Sie waren gute Köche. Um 1900 gab eine Hausfrau des Kwakiutl-Stammes einem Anthropologen aus dem Gedächtnis 150 Kochrezepte und sie hätte noch länger fortfahren können.

Lachse, die stromaufwärts zum Laichen schwimmen, werden von den Bewohnern der Nordwestküste mit Netzen oder in Reusen gefangen. Einige aß man auf der Stelle, der Rest wurde geräuchert und als Vorrat aufbewahrt.

Inneres eines Hauses der Nootka, gezeichnet von John Webber, dem Zeichner von Kapitän Cook auf seiner letzten Südseereise, 1776–1780. Die riesigen geschnitzten Pfosten im Hintergrund dienten sowohl als Dekoration als auch als Stütze für die Deckenbalken.

In Oregon und Kalifornien gab es sehr viel Rotwild und verhältnismäßig wenig Fische, daher waren Jagdgebiete wichtig. Im Norden bestanden hervorragende Möglichkeiten für die Fischerei; Wild war selten und die Jagd in dem steilen Gebirge schwierig und ein Luxus. Dennoch wurden Gebirgsziegen erlegt. Diese Jagd erforderte außerordentliche

Geschicklichkeit beim Anpirschen und Klettern. Die Indianer waren überzeugt, daß sie dazu übernatürlicher Hilfe be-
dürften, und so gingen der Jagd ausgedehnte Rituale voraus.
Das besondere Recht der Häuptlinge war es, Wale zu jagen.
Die größten Walfänger waren die Nootka, sehr geschickte
Seeleute und Bootsbauer. Sie konnten 15 Meter lange, see-
tüchtige Schiffe bauen.
Das Ritual, das man vor der Waljagd abhielt, und das von
den Zurückbleibenden während der Jagd weitergeführt
wurde, war formenreich und ausführlich, denn es war die ge-
fährlichste Jagd. Die Ausrüstung war teuer. Der Häuptling
war selbst der Harpunier. Die Harpune war so schwer, daß
sie nicht geschleudert werden konnte. Die Walfänger brach-

**Dorsch- und Lachshaken
für eine Schleppangel**

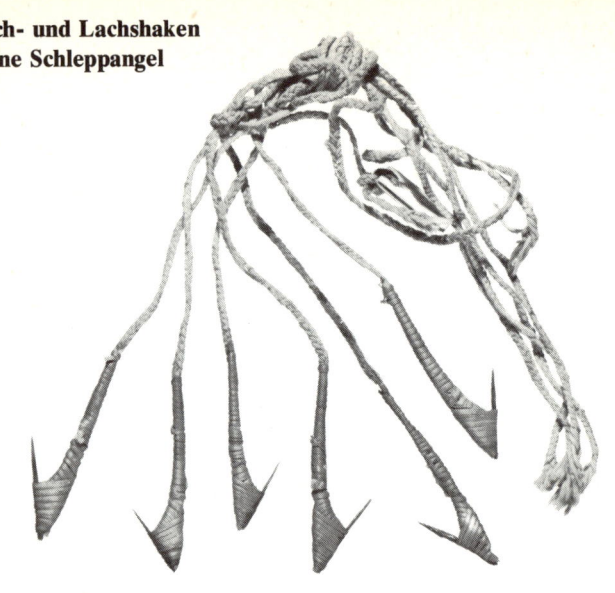

ten daher ihr Boot vorsichtig längsseits des Wales, in der
Hoffnung, daß das große Tier sie nicht bemerken würde.
Dann setzte der Harpunier seinen rechten Fuß auf den
Bootsrand und stieß mit der Harpune zu. Augenblicklich
ruderte die ganze Besatzung mit voller Kraft, um vom Wal
wegzukommen, bevor er das Boot zerschlagen konnte. Ein
zweites Walboot, das von einem Verwandten des Häuptlings kommandiert wurde, durfte, sobald das Opfer durch
den Blutverlust und das Ziehen der Leine geschwächt war,
eine zweite Harpune in den Leib stoßen.
Walfang war ein Abenteuer. Gewöhnliche Fischerei dagegen war ein Geschäft mit sinnvollen und wirksamen Methoden. Die Indianer benutzten Angelhaken aus Holz, Knochen und Horn, Hornspeere, Harpunen, Handnetze für einen Mann, Schlagnetze für eine Bootsmannschaft und noch
viele andere Netze und Fallen.

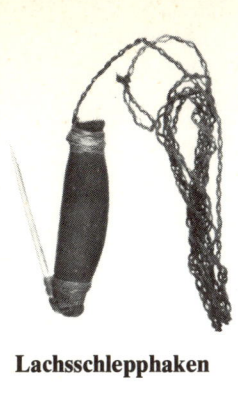

Lachsschlepphaken

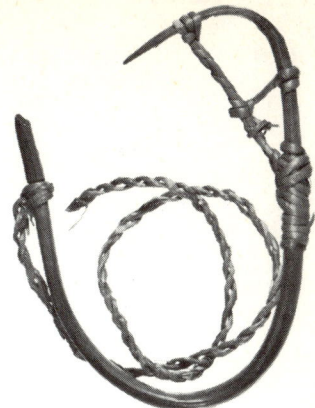

Dorschhaken

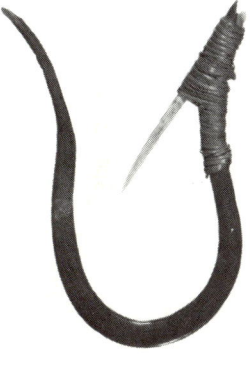

Heilbutthaken

Dorschhaken

Angelhaken aus Stein, Holz, Knochen und Eisen mit Zedernrinde umwickelt. Die Enden des Hakens wurden oft zusammengebunden, um die Form zu sichern.

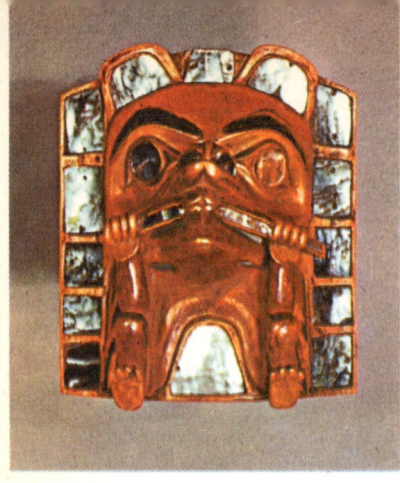

Kopfschmuck der Niska aus
Holz, mit eingelegten
Muschelschalen

Unten: Ein Tablett und Stäbe,
die von den Klamath bei
einer Art Knobelspiel benutzt
wurden

Der Hut des Häuptlings der Bärensippe der Tlingit. Der Häuptling trug ihn bei feierlichen Gelegenheiten, um seine Zugehörigkeit zur Bärensippe zu beweisen. Der unterteilte Turm zeigt die Höhe seines Ranges an.

Bemalter Biber, der sich in den Schwanz beißt, geschnitzt von den Kwakiutl.
Bemalte, geschnitzte Maske der Kwakiutl. Darstellung eines Seeungeheuers mit einem Habichtskopf

Die Bewohner der Nordwestküste waren keine Seefahrer wie die Polynesier. Sie benutzten Segel erst, nachdem sie mit den Weißen zusammengetroffen waren, und obwohl sie manche lange Reisen entlang der Küste machten – zuweilen mehr als 150 km weit –, zogen sie es vor, immer in Sicht der Küste zu bleiben.

Das eine bestimmende Element der Kultur der Nodwestküste war der Fisch, das andere das Holz. Entlang der Küste gab es überall viele Bäume, Tannen, Föhren und Eiben und vor allem die leicht zu verarbeitenden Zedern. Kanus wurden aus ausgehöhlten Baumstämmen gemacht, feste Häuser und Gebrauchsgegenstände aller Art aus Holz hergestellt. Aus Zedernrinde fertigte man Garn, aus dem man Kleider webte. Matten wurden aus Rinde hergestellt, Wiegen aus Holz geschnitzt und mit Rinde ausgelegt, die geschlagen ein

Die Keule wird »Sklaventöter« genannt, und das war auch
ihr Zweck. Es war nicht ungewöhnlich, daß bei einem Potlatch
ein oder zwei Sklaven getötet wurden, um zu beweisen, daß
der Häuptling in der Lage war, andere zu kaufen. Diese Keule
wurde kurz vor 1900 von den Kwakiutl hergestellt. Sie wohnten
an der Alert Bay in British Columbia. Die Augen und Zähne
aus eingelegten Muscheln geben ihr ein grimmiges Aussehen.

Webende Frauen der Salish. Inneres einer Hütte, gemalt von Paul Kane, um 1850.

Polster, so weich wie aus Baumwolle, ergab. Aus Holz waren Masken, Kisten, Behälter, Schalen, Löffel, Klappern und natürlich die berühmten Totempfähle. Es gab kaum ein Verfahren zur Bearbeitung des Holzes, das diese Indianer nicht kannten. Sie schnitzten, sie bemalten das Holz, sie bogen es über Dampf und legten zur Verzierung Muscheln, Glimmer und Kupfer ein. Die Meißel, Äxte und Messer, die sie dabei benötigten, wurden aus harten Muscheln herge-

stellt, da es dazu brauchbare Steine kaum gab. Doch hatten sie, wahrscheinlich aus Sibirien, einige eiserne Werkzeuge. Die Flechtkunst war hochentwickelt. Einige ihrer Erzeugnisse erreichten die Schönheit der besten kalifornischen Arbeiten. Sie waren geschickte Weber. Gewöhnlich verwendeten sie Zedernrinde, manchmal auch die Wolle der Gebirgsziege. Die Stämme der Salish züchteten kleine wollige Hunde, die sie wie Schafe scherten. Oft wurde Wollgarn mit Rinde verwoben.

Nördlich des Nootka-Gebietes wurden richtige Kriege geführt, um andere Stämme auszutilgen. Es handelte sich hierbei nicht um Abenteuer und um das Erringen von Auszeichnungen, wie wir es vom Südosten bis hin zu den Ebenen finden. Hier war einer der wenigen Plätze in Nordamerika mit einer größeren Bevölkerungsdichte. Der Krieg wurde daher um Land geführt.

Dann gab es im Norden Überfälle, deren Hauptzweck es war, Gefangene zu machen. Eigentlich benötigte man gar keine Sklaven bei dieser Art von Hauswirtschaft. Jedoch einige im Hause herumlungern zu haben bewies entweder, daß der Häuptling ein erfolgreicher Kriegsführer oder daß er reich genug war, einen so teuren »Gegenstand« zu erwerben. Auch mußte bei der großzügig gefeierten Zeremonie, die man »Potlatch« nannte und bei der man seinen verschwenderischen Reichtum zur Schau stellen konnte, ein Sklave getötet werden. Man benutzte dazu eine eigene Waffe, den sogenannten »Sklaventöter«.

An der ganzen Nordwestküste waren soziale Organisation und Religion eng miteinander verwoben. Jedes Dorf bildete eine unabhängige Einheit. Dörfer wurden von einer Gruppe enger Verwandter gebaut. Im Norden gab es Sippen, deren Abstammung auf die Mutter zurückging. Im Süden beriefen sich viele Gruppen auf die Abstammung von Vater und Mutter, legten jedoch den Nachdruck auf die Linie des Vaters. Die Erbfolge, die eine wesentliche Rolle spielte, folgte den Regeln der Abstammung. Wo sich das Sippenwesen erhalten hatte, war das Dorf entsprechend der Art der Sippe organisiert. Gebräuchliche Sippennamen waren Adler, Rabe, Wolf und Schwarzfisch (damit ist der Wal gemeint). Im Norden gab es innerhalb der Gruppen, ganz gleich, wie sie organisiert waren, Abstammungslinien von verschiedenem Rang. Der höchste führte seine Abstammung auf ein heiliges Tier zurück, z.B. einen Raben, Adler oder Bären. Seine Abstammung, eigene oder eines Vorfahren ungewöhnliche Leistungen oder übernatürliche Erlebnisse verliehen einem Mann das Recht auf gewisse Wappenzeichen (crests). Manche dieser Abzeichen waren in Totempfähle eingeschnitzt.

Aus dieser Vielfalt von Abzeichen, Rechten und Vorrech-

Decke des Häuptlings der Salish aus Bergziegenwolle

**Decke aus der Wolle von Bergziegen und Fasern aus Zedern-
rinde, gewebt von der Chilkatsippe der Tlingit**

ten entstand ein genaues System der Rangeinteilung, vom Häuptling, der den größten Teil beanspruchte, über den Adel bis herunter zum einfachen Volk, von dem die Ärmsten keine besonderen Rechte besaßen.

Die Religion hatte ihren Ursprung im Schamanismus, der aber sehr erweitert wurde. Aus den üblichen Zaubertricks, mit denen die Schamanen ihre Macht bewiesen, wurden höchst theatralische Künste. Eine übernatürliche Gestalt kam durch das Rauchloch eines Hauses. Ein Zauberer wurde in einen hölzernen Kasten gesteckt, der Kasten angezündet, und der Zauberer erschien unverletzt wieder.

Im Amt des Häuptlings vereinigten sich religiöse Rechte und Pflichten, vererbter Rang und Reichtum. Um seine Stellung hervorzuheben, versuchte der Häuptling, seine Rangabzeichen auf jede mögliche Weise zu zeigen. Der Sinn für Repräsentation, zusammen mit der allgemeinen Verehrung göttlicher Tierwesen wie der Schwertwale, der Raben, Bären, Biber, Wölfe und sagenhafter Tiere wie der Donnervögel, wurden in der Kunst sichtbar.

Das bekannteste Merkmal der Nordwestküste ist der To-

Kiste der Tlingit zur Aufbewahrung von Nahrung, gemacht aus einem einzigen Stück rotem Zedernholz. Das Muster zeigt eine Seeschlange.

Mitte: Familienstab mit Wappen eines Häuptlings der Tlingit. Solche Stäbe wurden von den Häuptlingen beim Potlatch und anderen Zeremonien getragen, um ihren Rang hervorzuheben.

Rechts: Aus Holz geschnitzte Doppelmaske der Kwakiutl. Wenn der obere Teil geschlossen ist, stellt sie einen Raben dar, wenn sie offen ist, ein menschliches Antlitz. Die Maske wurde durch Schnüre geöffnet.

Der Totempfahl berichtet von Taten des Besitzers oder seiner Vorfahren.

Unten: Nachbildung eines Hauses der Haida. Häufig befand sich der Eingang in einem Totempfahl.

tempfahl. Dieser Totempfahl wurde zur Erinnerung an einen verstorbenen Häuptling von seinen Angehörigen errichtet, als Teil einer Zeremonie, bei der die Erbschaft öffentlich angezeigt wurde. Der neue Häuptling ehrte damit seinen Vorgänger und wies gleichzeitig auf seine eigene wichtige Person hin. Bei manchen Gruppen wurde ein Totempfahl an der Vorderseite des Hauses angebracht und die Tür hindurchgeführt.

Ereignisse und Erfolge, neue und alte, wurden auf den Totempfählen aufgezeichnet. Ein Totempfahl, der zu Ehren eines Haida-Häuptlings errichtet wurde, zeigt mehrere Darstellungen eines russischen Priesters. Der Häuptling war sehr stolz darauf, daß er den Bemühungen des Priesters, ihn und seine Leute zu bekehren, widerstanden hatte.

Ein anderes berühmtes Element der Kultur der Nordwestküste war der sogenannte »Potlatch«. Man könnte ihn als eine gesellschaftliche Veranstaltung bezeichnen, bei der der Häuptling mit Hilfe seiner Leute für viele Gäste ein Essen gab und entweder Eigentum wegschenkte oder vernichtete. Er tat das, um seinen Rang und seine Vorrechte zu beweisen.

In der Mitte des 19. Jahrhunderts ließen sich einige Kwakiutldörfer in der Nähe des Hudson-Bay-Handelsplatzes in Fort Rupert und einige Tsimshian in der Nähe des Handelsplatzes bei Port Simpson nieder. Alle diese Niederlassungen vereinigten sich zu einem losen Bund. Der Rang der Häuptlinge und Vornehmen innerhalb der Dörfer war klar, aber man wurde sich niemals darüber einig, wie die Einstufung der Häuptlinge innerhalb des Bundes zu erfolgen hätte.

Das Ergebnis war ein ungeheurer Wettbewerb. Ein Häuptling gab einen Potlatch nicht *für* einen anderen Häuptling, sondern *gegen* ihn. Seine Absicht war, so viel wegzuschenken und zu vernichten, daß es mehr ergab, als der andere aufbringen konnte. Decken wurden verbrannt und ein oder zwei Sklaven getötet.

Der andere Häuptling rief seine Leute zusammen, und man machte gewaltige Anstrengungen, um den ersten Potlatch

Eine Gesellschaft von Würdenträgern, die in einem festlichen
Kanu zur Teilnahme an einem Potlatch kommen, legen bei
einem Dorf der Kwakiutl an. Die farbenprächtige Kleidung
und der reiche Kopfschmuck zeigen den Rang und die Bedeutung der Gäste. Im täglichen Leben trug man kaum Kleider,
aber bei besonderen Gelegenheiten, z.B. bei einem Potlatch,
gab sich jedermann Mühe, sich elegant anzuziehen.
Der Häuptling, mit dem Stab in der Hand, begrüßt die ankom-
menden Gäste. Über ihm, am Ufer, hält ein anderer Häuptling
den zeremoniellen »Copper« bereit. Er wird als Geschenk
übergeben und wird durch die Weitergabe noch wertvoller.

Oben: Armband der Tlingit mit kunstvollem Verschluß

Unten: Rasseln in der Form von Vögeln waren an der Nordwestküste gebräuchlich. Diese hier stellt eine Entenart dar. Die Ente trägt vier Junge auf ihrem Rücken. Sie wurde von den Tlingit geschnitzt und von einem Schamanen benutzt.

Rechts: Zuweilen sind die symbolischen Muster so altüberliefert, daß es schwerfällt, sie zu erklären. Das Motiv auf diesem Hemd der Tlingit scheint ein Schwertwal zu sein.

zu übertrumpfen. Man lieh sich Waren von Außenstehenden, die innerhalb eines Jahres einschließlich festgesetzter Zinsen zurückgegeben werden mußten, was keine leichte Bürde war. Schließlich gab einer der Rivalen auf und hatte damit die Bestätigung, daß er und seine Leute von geringerem Rang waren.

Als erster kam der Däne Bering, nach dem die Beringstraße benannt ist, mit den Indianern der Nordwestküste in Berührung. 1778 besuchte der große Forscher Captain James Cook die Nootka, die ihm einige Otterfelle überließen. Als Mitglieder der Expedition nach China kamen – Cook war auf den Hawaiischen Inseln gestorben –, konnten sie fest-

stellen, daß die Chinesen hohe Preise für diese Pelze zahlten. Dies war der Anfang des Handels an der Nordwestküste, der sich besonders für die Amerikaner zu einem höchst ertragreichen Unternehmen entwickelte. Wertlose Waren wurden an die Nordwestküste gebracht und gegen Seeotterfelle eingetauscht. Die Pelze wurden mit einem hohen Aufschlag bei den Chinesen gegen Tee eingetauscht, der in China billig war. Der Tee wurde daraufhin wieder mit hohem Aufschlag in Boston verkauft. Der Handel führte zum Aussterben der Otter, aber solange er währte, profitierte jedermann davon.

Anfang des 19. Jahrhunderts wurde der Handel mit Seeotterfellen durch den Handel mit anderen Pelzen ersetzt, der hauptsächlich von Firmen wie der Hudson-Bay-Gesellschaft beherrscht wurde. Die Küstenindianer handelten sich mit ihren selbsterbeuteten Fellen und solchen von anderen Indianern, die weiter von der Küste entfernt wohnten, Land ein. Sie kamen in den Besitz von Waren aller Art, und in der Mitte des 19. Jahrhunderts gedieh ihr Wohlstand.

Die endgültige Einwanderung und Niederlassung der Weißen erfolgte an der Nordwestküste relativ spät; und als sie kamen, wirkten Alkohol, Krankheiten und Übervölkerung in der bekannten Weise. Langsam schwand die Kultur, obwohl sie bis auf den heutigen Tag weit davon entfernt ist, ganz tot zu sein.

Bei den Indianern des nördlichen Kaliforniens ersetzte der »Weiße-Hirsch-Tanz« den Potlatch. Hirschfelle, wie das obige, wurden in Kalifornien für ebenso wertvoll angesehen, wie die Chilkatdecken weiter nördlich. Sie wurden gewöhnlich mit Streifen aus farbigen Federn geschmückt.

Unten: Hupa tanzen am Ende eines langen Rituals um die Erneuerung der Welt und um Erlangung von Reichtum. Wahrscheinlich wollte man dabei aber auch den eigenen Reichtum zeigen, weiße Hirschfelle und Klingen aus Feuerstein, wie sie die vorderen Männer tragen.

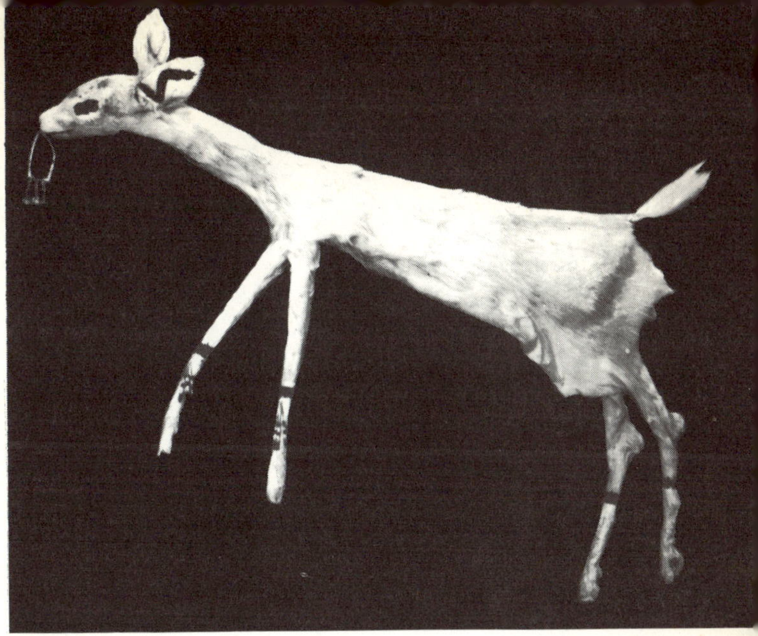

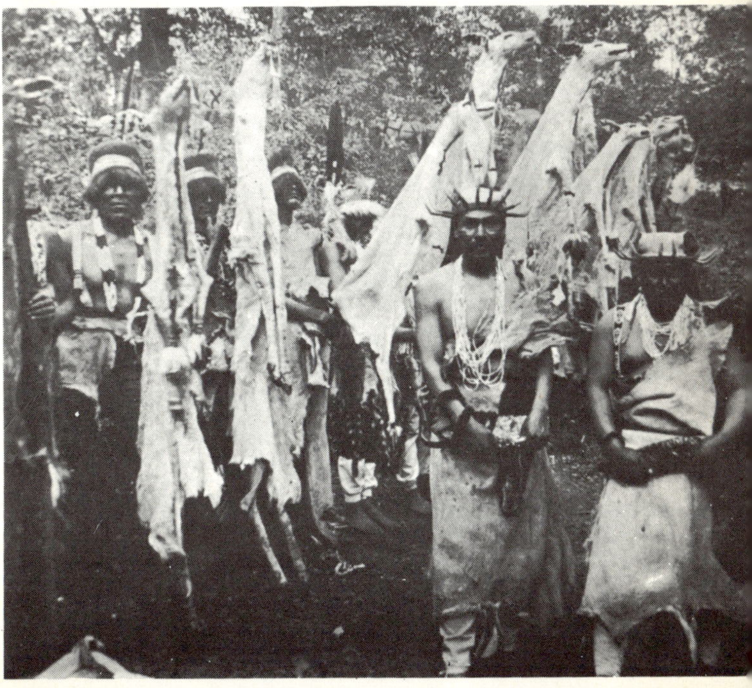

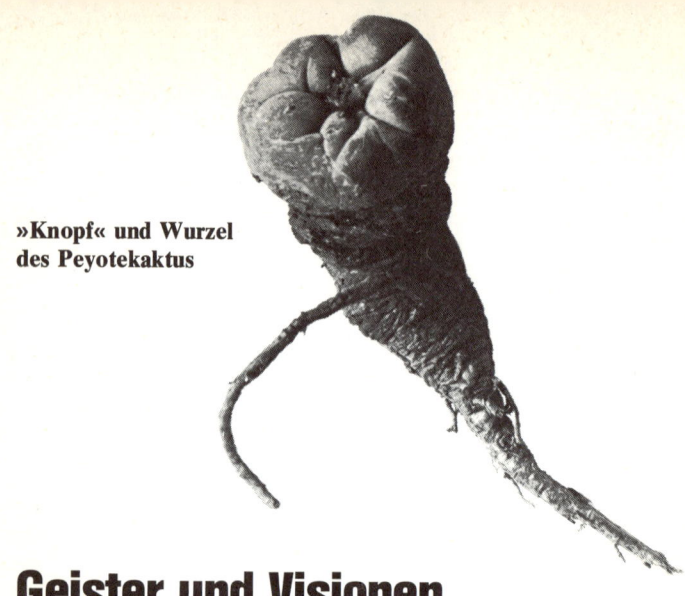

**»Knopf« und Wurzel
des Peyotekaktus**

Geister und Visionen

Die Religion der amerikanischen Indianer weist alle Abstufungen auf, vom primitivsten Schamanismus, der wenig
mehr als die Ausübung nutzbringenden Zaubers durch Er-
wählte darstellte, bis hin zu einem Priestertum, das auf
hochentwickelten Philosophien beruhte. Eines war ihnen allen gemeinsam: Die Religion füllte ihr tägliches Leben aus.
Für sie war es selbstverständlich, sich ihrer Religion zuzu-
wenden, wenn die Grundlagen ihres Lebens erschüttert
wurden. Sie hofften, in der Ausübung des Kultes Rettung zu
finden, oder glaubten, daß ungenügende Teilnahme der
Grund für das schleichende Unheil war, das sie vernichtete
und das dem Leben alles raubte, was es lebenswert machte.
Wenn primitive Völker durch eine vollkommen fremde höhere Kultur überwältigt werden, haben sie drei Möglichkeiten. Die eine ist, daß sie die höhere Kultur gänzlich ablehn-
en, sich auf das Althergebrachte berufen und alles beim alten lassen. In unserem modernen Zeitalter ist das kaum
durchführbar.

Die zweite Möglichkeit ist, die höhere Kultur vollkommen anzunehmen und die alte restlos aufzugeben. Es gibt Ausnahmen, aber gewöhnlich wird der Eingeborene, der sich von seiner alten Tradition löst, wurzellos und unsicher. Da sind zu viele Kindheitserinnerungen: die Wärme der Familienbeziehungen, die Gewohnheit vertrauter Gebräuche, die Art der Selbsteinschätzung, alles Werte, die durch nichts ersetzt werden können.

Die dritte und verheißungsvollste Möglichkeit ist, sich anzugleichen, von der höheren Kultur das Beste zu nehmen und von der alten alles Gute, das gerettet werden kann, zu behalten.

Viele Indianer versuchen, dies in die Wirklichkeit umzusetzen. Die Ausführung wird ihnen schwergemacht. Sie werden gewohnheitsmäßig von den Weißen herumgestoßen und, was schlimmer ist, die Weißen halten an der Ansicht fest, daß ein Volk dem Fortschritt gegenüber nicht aufgeschlossen sein kann, wenn es nicht genauso ist wie sie selber.

Das erklärt auch, warum manche Missionare denken, ein Mann könne nur dann ein guter Christ sein, wenn er sich wie der Missionar kleidet, wie der Missionar wohnt und dasselbe ißt, trotz des Umstandes, auf den die Indianer hinweisen, daß der *Herr* langes Haar trug und seine Kleidung einer Decke ähnelte.

Bald nachdem die Weißen zahlreicher wurden, kam es zur Bildung von Sekten und religiösen Bewegungen, die die Wiedererweckung der alten Religion forderten.

Der Einfluß des Christentums zeigt sich in vielen Kulten, Sekten und Religionen, die unter den Indianern aufkamen. Der Begriff eines einzigen, tätigen, hohen Gottes war in der Geschichte der Menschheit nur einige wenige Male aufgegriffen worden. Es gab unter den Indianern eine Menge fähiger Denker, die, als sie davon hörten, von diesem Grundgedanken tief beeindruckt wurden, obwohl sie die neue Religion ablehnten. So ergaben sich neue Zusammenhänge zu alten Systemen und Entwicklungen neuer abgewandelter Formen.

Morgengebet in einer Peyotezeremonie, gemalt von Tsa Toke,
einem Kiowaindianer. Er schreibt dazu: »... er ist unter dem
Einfluß von Peyote. Der Andächtige – zu beiden Seiten – me-

ditiert.« Die Gebete steigen auf wie Vögel. In der Mitte das Feuer, der sichelförmige Altar, gekreuzte Fächer aus Adlerfedern und Federn des Maco, die den Morgen symbolisieren.

Nach der Revolution waren die Irokesen ein geschlagenes
Volk ohne Macht, ihr Reich auf Reservationen zusammen-
geschrumpft. Sie waren ohne Hoffnung, enttäuscht und
traurig über das Hinschwinden des alten, reichen Lebens.
1799 erstand unter ihnen ein Prophet, Handsome Lake
(»Schöner See«). Er war ein Alkoholiker, der das Trinken
nach einer Vision aufgab. Er predigte, daß die Irokesen zwar
einst ein gutes Leben führten, aber daß es unvollkommen

Eine Szene aus einem Geistertanzritual der Arapaho, eine Fotografie von James Mooney. Mooney war ein bedeutender Ethnologe, der den Geistertanz schon sehr früh erforschte.

gewesen wäre, da sie Gott nur unvollkommen gekannt hätten. Sein neuer Gedanke vervollständigte die alte Religion. Er verband althergebrachte Zeremonien mit neuen. Ursprünglich lehrte er eine extreme Abwehr gegen alle Einflüsse der Weißen, aber später änderte er seinen Standpunkt und genehmigte sogar den Gebrauch von Pflügen. Das war eine wichtigere Veränderung, als es auf den ersten Blick erscheint, denn das Pflügen ist eine Männerarbeit. Die Ein-

Geistertanzhemd, um 1890. Das Muster wurde Frau Goodeagle, einer Pawnee, in einer Vision eingegeben.

führung des Pfluges änderte die Stellung der Frau in der Landwirtschaft. Handsome Lakes Predigt führte zu keinem Krieg. Sie half den Irokesen, sich zu behaupten und die Trunksucht zu bekämpfen, und gab ihrer Religion eine Form, die sich bis zum heutigen Tag erhalten hat.

Weit berühmter als diese frühen religiösen Erweckungen ist der Kult des Geistertanzes. Er hat eine merkwürdige Geschichte. Er ist indirekt das Ergebnis des Einflusses christlicher Mission und begann zuerst unter den Paviotso, einem Zweig der Paiute in Nevada. Dort hatte im Jahre 1888 Jack Wilson oder Wovoka, ein Indianer, der mit der Mission in Berührung gekommen war, Visionen. Die Visionen waren die Ursache einer Lehre, die teilweise auch von Tavibo, einem älteren Verwandten mit ähnlicher Vergangenheit, vermutlich einem Onkel, stammte, der einige Visionen gehabt und sich 1870 als Prophet versucht hatte. Die neue Religion vereinte christliche Ideen und die allgemeine Idee eines kommenden Messias mit Ritualen, die den Wegzug der Weißen und die Rückkehr des verschwundenen Wildes und der toten Indianer bezwecken sollten. Wovoka predigte Frieden und verbot seinen Anhängern, sich am Kriege oder an irgendeinem Streit zu beteiligen.

Die Nachricht von seiner Predigt kam zu den Stämmen der Ebenen, als die Lage gerade verzweifelt war. Die Büffel verschwanden, und man war am Verhungern. Alle Stämme waren geschlagen und in Reservationen gebracht worden. Es war ein erbärmliches Leben, und man wußte nicht, was man anfangen sollte. Abordnungen gingen zu dem Propheten. Die kriegerischen Stämme der Ebenen veränderten aber bald seine Predigt. Krieg gegen die Weißen wurde ein wesentlicher Bestandteil ihrer Geistertanzlehre. Das Tanzen im Kreis, im Stile des Großen Beckens, würde ihre Toten und die Büffel zurückbringen; ihre eigene, auf magische Weise verstärkte Macht aber würde den großen Feind aus dem Lande jagen.

Alle diese Religionen verschwanden, ausgenommen die von Handsome Lake veränderte, und auch diese verbreitete sich nicht über die Irokesen hinaus.

Der »Peyotekult«, der merkwürdigste von allen, ist auch heute noch der einflußreichste. Peyote ist ein kleiner stachelloser Kaktus, von dem sich nur ein kleines Stück, der sogenannte »Knopf«, über dem Boden befindet. Dieser Knopf

kann entweder gekaut werden, oder man weicht ihn ein, um daraus einen Tee zu bereiten. Er enthält Alkaloide, die beim Genuß der Pflanze Halluzinationen hervorrufen, bei denen sich der Mensch in einem Glückszustand befindet und glaubt, mit der Gottheit in Verbindung zu stehen. Diese Erscheinungen stimmen mit den Visionen überein, wie sie sich bei den Indianern der Ebenen und ihren Nachbarn fanden. Die Zeremonien werden gewöhnlich in einem Tipi abgehalten. Sie beginnen, wenn es dunkel wird, und enden mit einem Mahl am Morgen. Teilnehmer erzählen, daß sie sich dabei voll Frieden und Glück und gesegnet fühlen. Menschen, deren Leben sinn- und zwecklos wurde, finden im

Geistertanz der Ogalala-Sioux. Zeichnung von Frederic Remington. Nachdem die Büffel verschwunden und die Sioux durch die Weißen eingeschlossen waren, nahmen sie Zuflucht zum Geistertanz. Sie hofften, er würde die alten Tage wiederbringen.

Peyotekult und seinen Visionen eine Möglichkeit, die traurige und harte Wirklichkeit zu vergessen.

Die Stämme, die sich heute in Oklahoma befinden, bedienen sich des Peyote. Sein Gebrauch hat sich auch nordwärts über die kanadische Grenze verbreitet, ferner unter den Stämmen der Ebenen und der Waldregion sowie unter den westlichen Bauern bis nach Oregon und in den letzten Jahren vor allem auch unter den Navaho. Die Indianer, die den Kult annahmen, gaben oft ihre alte Religion auf, obwohl einige beides miteinander verbanden; auch treten sie selten zum Christentum über. Sie werden Mitglieder einer neuen Religion, die über alle Stämme hinwegreicht, und die Teil-

Peyoteritual in einem Tipi, gemalt um 1910 von Ernest Spybuck, einem Kickapooindianer

nahme daran gibt ihnen das Gefühl, zu etwas Größerem und weniger Hilflosem zu gehören, als es ihre kleine Gruppe ist. Wegen ihrer Wirkung auf die alte Religion und das

Christentum hat keine Regung indianischen Lebens der
vergangenen Jahre einen so heftigen Widerspruch erregt
wie dieser Kult. Der Streit wird noch erbitterter und verwir-
render durch die allgemeine Ablehnung von Rauschgiften,
obwohl viele sorgfältige Experimente bewiesen haben, daß
Peyote nicht süchtig macht.

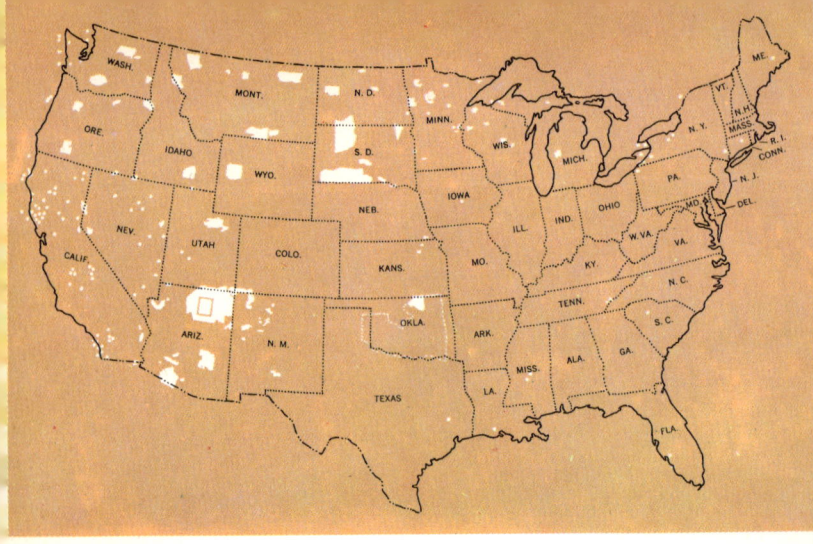

Und sie leben weiter

Um eine Beschreibung der heutigen Indianer der Vereinigten Staaten zu geben, müßte man ein weiteres Buch schreiben. Es ist heute so wahr wie eh und je, daß man kaum eine allgemeine Behauptung über die Indianer aufstellen kann, ohne gleichzeitig eine lange Liste von Ausnahmen aufzuzählen.

Eines steht fest: Die Indianer sterben nicht aus, sondern vermehren sich. Wahrscheinlich war die Zahl der »Bundesindianer« um die Jahrhundertwende auf 300 000 gesunken. Heute leben, einschließlich der Alëute und der Eskimo in Alaska, 450 000 sogenannte Bundesindianer in den Vereinigten Staaten. Man versteht darunter Indianer, die durch ein Bundesgesetz als Indianer anerkannt sind, Rechte und Schutz genießen und zu einer Registrierung verpflichtet sind, die wiederum diese Anerkennung mit sich bringt.

Um Indianer zu finden, die etwas von ihrer Stammesorganisation und ihrem Indianerleben beibehalten haben, muß man zu jenen Indianern gehen, die den vollen Status von Indianern besitzen. Dazu gehören die etwa 10 000 Irokesen im Staate New York und die großen Stämme des Südwestens. Die größten Zentren einer Indianerbevölkerung sind in Oklahoma mit 110 000, in Arizona mit schätzungsweise 75 000 und in Neumexiko und Alaska mit je 50 000 Angehörigen.

Im Norden, in den Staaten Nord- und Süddakota sowie in den angrenzenden Staaten, leben etwa 20 000 Sioux. Die verstreuten Indianergruppen in Kalifornien belaufen sich auf etwa 17 000 Personen. Daneben findet sich eine beträchtliche Anzahl Indianer in Oregon, Washington, Nevada, Idaho, Montana, Wisconsin und Minnesota.

In vorhergehenden Kapiteln wurde die Vergangenheit der verschiedenen Gruppen beschrieben. Ihre Geschichte war immer gleich traurig. Es gibt nur drei Typen von Stammes-

Moderne Stammesselbstverwaltung. Navaho bei der Stimmabgabe für eine Stammeswahl in der Reservation. Es werden Wahlzettel mit Abbildungen der Kandidaten benutzt, da die meisten Navaho nicht lesen können.

Die Apachen-Rinderzüchter von San Carlos treiben ihre Herden über einen Fluß ihrer Reservation.

geschichte. Einige Stämme, vor allem die im Osten, wurden vernichtet; viele wurden gewaltsam aus dem Wege geräumt, auf dem die Weißen vorzudringen wünschten, manchmal sogar mehrere Male, bis sie auf irgendeinem Fleck landeten,

den man ihnen als Bleibe zuwies. Andere, besonders die starken westlichen und südwestlichen Stämme, durften wenigstens ein Stück Land ihrer alten Heimat behalten.

Bis 1870 behandelten die Amerikaner die Stämme wie kleine Nationen mit begrenzter Selbständigkeit, die den Vereinigten Staaten untergeordnet waren. Regelmäßig legten sie ihnen neue Verträge vor, wenn sie ein anderes Abkommen wünschten. Schließlich machte der Kongreß dem

ein Ende, und seitdem haben sie die Indianer als Leute, die unter dem Schutz ihrer Rechtsprechung stehen, ehrenhafter behandelt. Trotzdem wurden die Indianer erst 1924 als Bürger anerkannt.

Ob man nun mit ihnen Verträge geschlossen oder nur ein Abkommen getroffen oder Versprechungen gemacht hatte, es bleibt leider wahr, daß es kaum einen Stamm gibt, dem gegenüber man nicht wenigstens einmal wortbrüchig geworden wäre.

Die Zahl der durch eine Schule gegangenen Navaho ist immer noch sehr klein. Sie nimmt jedoch zu. Der Stamm hat heute nicht nur einen Anwalt, sondern einen ganzen Stab von Anwälten; denn ihr Land enthält Bodenschätze. Er kennt seine Rechte und unterschreibt keine Verträge oder die Erlaubnis zum Schürfen, ohne sich die bestmöglichen Bedingungen zu sichern. Einige murren, andere finden es unerhört, daß sie einem Haufen unwissender Indianer dieselben Zugeständnisse machen sollen, die sie einer Aktiengesellschaft von Weißen machen müßten, aber sie nehmen die Bedingungen an. Das Einkommen, das der Stamm bis jetzt erzielte, war nicht hoch genug, um die schreckliche Armut vieler Angehöriger zu beheben; aber es hat den Stamm in die Lage versetzt, ein bemerkenswertes Programm der Selbsthilfe durchzuführen.

Die heutige Situation bringt die verschiedensten Arten merkwürdiger Erscheinungen mit sich. Einige, wenn auch nur wenige Stämme, wie etwa die Osage und in den letzten Jahren auch die Jicarillaapachen, haben ein regelmäßiges Einkommen durch Petroleum- und ähnliche Pachtverträge. Jedoch der plötzliche Besitz von Geld nach soviel Armut

Ein Mohawk arbeitet hoch oben auf dem Stahlgerüst eines Wolkenkratzers in Manhattan. Als im Jahre 1886 in der Nähe ihrer Reservation eine Brücke über den St. Lorenz-Strom gebaut wurde, begannen die Mohawk diese Tätigkeit auszuüben. Ihre völlige Schwindelfreiheit und ihre Beweglichkeit befähigen sie besonders zu dieser Spezialarbeit.

Eine Sitzung des Navaho-Stammesrats. Unter der Führung einer Reihe fähiger Vorsitzender, deren erster der verstorbene Chee Dodge war, wurde der Rat eine gut arbeitende Verwaltungsbehörde.

und Entbehrungen hatte große Ausschweifungen zur Folge. Es gibt aber nur wenige Indianer, die durch Erdöl wirklich reich wurden. Auch sind die meisten nicht so reich, wie es die Allgemeinheit annimmt. Ein Jahreseinkommen von 4000 DM, wie es etwa ein Osage durch das Erdöl erhält, ist bereits über dem Durchschnitt.

In diesem Kapitel wurde von »Bundesindianern« gesprochen, und im ganzen Buch wurde auf die Reservationen hingewiesen. Es wird Zeit zu erklären, was eine Reservation und was der Status eines Indianers ist. Bei beiden Begriffen gab es im Laufe der Zeit Veränderungen.

Ursprünglich waren die Reservationen Gebiete, die für die Indianer mit der Absicht reserviert wurden, sie dort eingesperrt zu halten. Dieser Gedanke besteht schon lange nicht mehr. Heutzutage ist eine Reservation ein Stück Land, groß oder klein, gut oder wertlos, das für den ausschließlichen Gebrauch einer bestimmten Gruppe von Indianern reserviert ist und unter der Obhut der Vereinigten Staaten steht. Es ist steuerfrei und ebenso das Einkommen, das aus ihm fließt. Kein Teil kann verkauft oder verschenkt, vermietet oder verpachtet werden, ohne die Zustimmung des Eigentümers und des Treuhänders. Der Treuhänder ist bei wichtigen Angelegenheiten der Innenminister, bei weniger wichtigen der Beauftragte für Indianerangelegenheiten. Die Regierung wacht ferner darüber, daß das Land seinem Zweck entsprechend benutzt wird und seine Hilfsquellen nicht vergeudet werden. Ein Stamm, der einen wertvollen Waldbestand besaß, überredete den Treuhänder zum Verkauf des Holzes. Die Folge des Kahlschlages war ein großer Schaden für das Land und erbrachte kaum einen finanziellen Gewinn. Als die Indianer erkannten, was sie angerichtet hatten, verklagten sie die Vereinigten Staaten erfolgreich auf mehrere Millionen Dollar Schadenersatz, da der Treuhänder versagt hatte.

Eine Reservation hat noch eine andere wichtige Eigenschaft. Indianerland ist nämlich nicht dem Recht der einzelnen Staaten und ihrer Gerichte unterworfen, und die Polizei hat dort keine Amtsgewalt. Es unterliegt dem Bundesrecht, Prozesse werden vor Bundesgerichten entschieden und größere Verbrechen durch Bundesgesetze geahndet. Kleinere Vergehen der Indianer innerhalb der Reservation, einschließlich einiger Vergehen, die als Verbrechen angesehen werden, ferner Angelegenheiten wie Heirat und Scheidung sowie mit Geschäften zusammenhängende Verstöße unterliegen der Gerichtsbarkeit des Stammes. Diese Gerichtsbarkeit ist die Grundlage, auf der die Selbstverwaltung, ja die Existenz der Stämme beruht. Alle starken Stämme haben ihre eigene Polizei und ihre eigenen Gerichte und wachen eifersüchtig über ihr Recht der Selbstverwaltung.

Ein Indianer kann jederzeit seine Reservation verlassen, ohne dafür irgendeine Erlaubnis einholen zu müssen (ausgenommen einige Puebloindianer im Südwesten, die noch ihr altes Recht ausüben, das verlangt, daß ein Stammesmitglied die Erlaubnis der eigenen Regierung einholt, bevor es die Reservation verläßt). Er kann zurückkehren, wann er will. Daraus ist klar zu ersehen, daß die Reservationen keine »Konzentrationslager« sind, trotz einiger übertreibender Reden und Bücher, die das Gegenteil behaupten.

Die ihnen gegenüber geübte feindselige Haltung sowie die Anschauung, daß Indianer faul und wertlos sind, machen es für einen Indianer schwer oder sogar unmöglich, bei der Suche nach Arbeitsplätzen mit Nichtindianern in Wettbewerb zu treten.

Bis in die jüngste Zeit versuchte man, die Indianer durch einen aufreibenden Kleinkrieg zu zermürben. Einzäunungen wurden beschädigt, Rinder weggelockt, Kälber entführt; Aufregungen und Diebstahl hörten nicht auf. Es war schwer, etwas dagegen zu unternehmen, da die vermißten Tiere aus dem Indianerland in ein Gebiet gebracht worden waren, in dem das Recht des Einzelstaates maßgebend war. Seit dem Jahre 1950 hat sich die Lage beachtlich verbessert, da die Indianer erklärten, sie wollten nur solche Staatsbeamte, besonders solche Sheriffs wählen, die die Indianer als Gleichberechtigte behandeln würden.

Die fröhlichere Seite des Lebens der Navaho – der Jahrmarkt kommt in die Reservation. Trotz ihrer bitteren, entmutigenden Armut finden diese Menschen immer etwas, woran sie sich freuen können.

Stammesgericht bei den Shoshone-Bannock in Idaho. Eine Frau war wegen Gewalttätigkeit angeklagt. Da sie die Ernährerin ihrer Kinder war, wurde sie nicht eingesperrt, sondern dazu verurteilt, jede Woche die Fenster der Vermittlungsstelle zu putzen.

Unterkunft für Navaho, die außerhalb der Reservation als landwirtschaftliche Arbeiter beschäftigt sind

Rechts unten: Ein Haus der Sioux auf der Pine-Ridge-Reservation: das Normalheim für diese Amerikaner des 20. Jahrhunderts

Vor allem in Städten, die in der Nähe von Reservationen liegen, haben die Indianer häufiger zu leiden. Sie werden von der Polizei mißhandelt, bei Gericht willkürlich behandelt, zu schweren Geldstrafen verurteilt und voller Verachtung zurückgewiesen. Das ist nicht überall so, aber es trifft leider in weitem Umfang zu. Kalifornien, Minnesota, Wisconsin und New York behandeln die Indianer gewissenhaft. Doch hat der Staat New York ein Gesetz so ausgelegt, daß es Irokeseneltern nicht erlaubt ist, bei den Schulwahlen ihre Stimmen abzugeben, obwohl ihre Kinder die Staatsschulen besuchen. Während der letzten zehn Jahre wurden in Neumexiko, Nebraska und Süddakota Weiße, die Indianer ermordet hatten, entweder nicht verurteilt, oder sie erhielten eine Bewährungsfrist.

Außer der Rechtsprechung in ihrem eigenen Lande und abgesehen von der Steuerfreiheit ihres Landes, haben die Indianer in ihrer Eigenschaft als Indianer noch weitere Rechte. Solange die Indianer in ihrer Reservation wohnen, ist der Bund für ihr Schul- und Gesundheitswesen und eine Reihe anderer Angelegenheiten, die bei den Weißen vom Kreis oder Staat finanziert werden, verantwortlich. Wenn ein Indianer von der Reservation wegzieht, unterliegt er derselben Behandlung wie alle übrigen Amerikaner, obwohl die Indianerschulen und Krankenhäuser, die vom Bund unterhalten werden, auch Indianer aufnehmen, die nicht auf einer Reservation wohnen. Der Besuch besonderer Bundesschulen für Indianer nimmt ab, und in 17 Staaten gehen viele, in einigen Staaten alle Indianerkinder in öffentliche Schulen des betreffenden Staates, mit dem die Regierung in Washington Verträge schloß.

Die Indianer bekommen von der Regierung in Washington

Oben: Maria Martinez aus San Ildefonso, eine der berühmtesten modernen indianischen Töpferinnen

Charakteristische Szene bei den Navaho: Eine Frau webt, eine andere hütet einen Säugling, ein Junge betrachtet den Webstuhl. Webstühle sind für Kinder unwiderstehlich.

245

Moderner Hirschtanz im Santa-Clara-Pueblo in Neumexiko.
Die Tänzer stellen sowohl die Jäger als auch die Hirsche dar.
Das Kostüm ist alt. Lediglich die alten rauhen, selbstgewebten
Baumwollhemden wurden durch weiße, gekaufte ersetzt. Der
Trommler trägt moderne Kleider.

keine Renten. In außerordentlichen Fällen, wenn durch eine Katastrophe eine ganze Gemeinde am Verhungern ist, bringt es das Amt für Indianerangelegenheiten fertig, durch allerhand Winkelzüge überschüssige Nahrungsmittel vom Landwirtschaftministerium oder etwas Geld vom Kongreß aufzutreiben, aber das sind Ausnahmen.

Abgesehen von einigen Alkoholikern und einer kleinen Zahl eigensinniger Alter, wünschen die Indianer ihre Lage

**Mescalerofrau und Kind. Gelbgefärbte Wildlederkleidung war
für die südlichen und die Mescalero-Apachen typisch.**

zu verbessern, und zwar als Indianer. Sie sehen nicht ein,
warum sie nicht Indianer, Apachen, Cheyenne, Irokesen
oder Sioux, bleiben und gleichzeitig vollkommen leistungs-
fähig in dieser modernen Welt stehen können. Das Gefühl,
daß es ihnen unmöglich gemacht wurde, ohne den Verlust
ihrer Eigenart aufs neue ein gutes Leben zu führen, ist einer

der Hauptgründe, daß viele von ihnen Trinker wurden.

Im ganzen genommen sind die Indianer arm, nur sind die einen arm und die anderen schrecklich arm. Wenn sie es darauf anlegen, wirken sie sehr malerisch und sind deshalb für die Touristen sehr interessant. Aus diesem Grunde betätigen sich sehr viele Indianer im Fremdenverkehr. Daß sie sich hier zeigen, ihre alten Zeremonien gegen Entgelt vorführen und ihre Waren anbieten, heißt aber nicht, daß sie Schwindler und würdelos sind. Es bedeutet nur, daß sie ebenso gern wie wir regelmäßig essen.

Aus demselben Grund sind Indianer nach Hollywood gegangen oder verdingen sich für dringend benötigtes Geld, wenn die Filmgesellschaften zu ihnen hinauskommen, obwohl sie wissen, daß ihr Kostüm und das, was sie zu tun haben, lächerlich ist. Tatsächlich ist die Art und Weise, wie sie in der Mehrheit der Filme gezeigt werden, für sie eine ständige Quelle des Ärgers. Vor allem aber kränkt sie die ewig wiederholte Lüge, daß sie wilde Angreifer gegen unschuldige Weiße gewesen seien.

Sehr viele Stämme haben als Folge des Herumgestoßen- und Herumgeschobenwerdens und aller Not, der sie ausgesetzt waren, die äußeren Einrichtungen ihrer alten Kultur verloren und haben die Rituale und Art, wie sie sich kleideten, vergessen. Gegenwärtig verbreitet sich unter diesen Stämmen eine künstliche panindianische Kultur, die auf die Kostüme und Tänze der Ebenen zurückgreift. Sie schließen sich ihr an, da sie sich nach Dingen sehnen, mit denen sie zeigen können, daß sie noch Indianer sind.

Wieder mit einigen Ausnahmen: Der Familienzusammenhalt bei den Indianern ist tief und stark. Indianer lieben Kinder leidenschaftlich. Ihre Kinder sind wohlerzogen und werden bei den meisten Stämmen nicht geschlagen. Die Familiengefühle reichen weit zu den Großeltern, Brüdern, Schwestern, Vettern, Tanten, Onkel, Kindern, Nichten und Neffen. Es ist undenkbar, sie zu verlassen oder sich zu weigern, ihnen zu helfen. Daraus entsteht eines der ernstesten Probleme für den Indianer, der in die Stadt geht, um seinen

Lebensunterhalt zu verdienen. In seiner Familie gibt es alte Leute, Kinder, vielleicht einen kranken oder gelähmten Verwandten, die daheim hungern. Er unterstützt sie. Wenn sie ihm folgen, nimmt er sie auf. Selbst wenn er zum gelernten Arbeiter aufgestiegen ist, ist die Last so groß, daß man eher sagen kann, er teilt die Armut seiner Verwandten, als daß sie mit ihm seinen relativen Wohlstand teilen.

Da sind sie also, fast eine halbe Million stark. Sie haben einen harten Kampf zu führen, und es ist kein Wunder, daß viele entmutigt werden; dennoch weigern sie sich, den Kampf aufzugeben. Erstaunlich ist ihre Treue zu den Vereinigten Staaten.

Das Innere eines Hauses in San Ildefonso. Die Verzierungen über den Fenstern, der Feuerplatz und die Festkleider gleichen sich seit Tausenden von Jahren.

»Weberin der Navaho« von Tsinnahjinnie, einem sehr begabten Künstler der Navaho, der aus einem der primitivsten Gebiete der Reservation kommt und in der Schule anfing, Pueblokünstler zu kopieren. Er hat seinen eigenen Stil entwickelt und die Navahokünstler stark beeinflußt.

Was sie im 1. und 2. Weltkrieg leisteten, war großartig, nicht nur in der Armee, sondern auch wie sie sich in ihrer Armut etwas abknauserten und etwas zusammenkratzten, um für das Rote Kreuz zu spenden, um Kriegsanleihen zu zeichnen und um auf jede mögliche Weise zu helfen. Viele Indianer kamen bei der Registrierung zur Einberufung mit ihren Gewehren, bereit, sofort zu gehen.

Die Kriegsteilnehmer sind nun daheim, und alle Indianer haben zu kämpfen. Sie wünschen und brauchen Hilfe, um sich selbst helfen zu können, und sie sind besorgt und zornig, weil die Politik der Regierung in Washington ihnen so oft ihr Recht darauf zu verweigern scheint. Es wurde ihnen schwergemacht, Kredite zu bekommen; eine Reihe von Stammesunternehmungen wurden geschwächt. Es wurde versucht, sich über die Stammesräte hinwegzusetzen oder sie sogar abzusetzen, und man hat den weiteren Verlust verzweifelt benötigten Landes gefördert. Aber was schlimmer ist, es besteht eine dauernde Neigung zur sogenannten »Termination«, die die Möglichkeit gibt, das ganze Indianerproblem loszuwerden, indem man Gesetze erläßt, die im Endeffekt erklären, daß gewisse Stämme keine Indianer mehr sind, daß ihre Reservationen aufgeteilt, ihre Regierungen aufgelöst und ihre Rechte als Indianer beendet werden sollen. Pläne für ausführbare Wiedergutmachungsprogramme, die von verschiedenen Stämmen und von den Angestellten des örtlichen »Indianerdienstes« mit großer Mühe ausgearbeitet wurden, verstauben nur zu oft auf einem Schreibtisch.

Es bietet sich ein trauriges Bild, aber trotzdem vermögen diese bewundernswerten Menschen zu trommeln und zu singen, Spaß zu treiben und zu lachen, selbst wenn manche dieser Späße bitter sind. Sie haben nicht kapituliert. Sie wollen keine Almosen oder Wohltaten, sie wollen die Führung und Hilfe, die notwendig ist, um sie in die Lage zu versetzen, sich selbst zu helfen. Mit ein wenig Verständnis seitens ihrer amerikanischen Landsleute können sie immer noch ihr Ziel erreichen, so gesunde, tüchtige und tatkräftige Mitarbeiter, so zuverlässig und selbständig wie ihre anderen Landsleute zu werden und dabei doch an der Tradition, an der Freigebigkeit und an den uralten Kenntnissen festzuhalten, die einen so wertvollen Beitrag zum bunten Bild Amerikas beisteuern können.

Bildnachweis

Verfasser und Verleger möchten allen, die am Zustandekommen dieses Buches beteiligt waren, herzlich danken, vor allem folgenden Institutionen und Personen:

American Museum of Natural History-R. E. Logan. Arizona State Museum-E. B. Sayles. Museum of the American Indian/Heye Foundation-Dr. F. J. Dockstader, C. Guadagno. Museum of Modern Art-B. Karpel. Peabody Museum of Archeology and Ethnology-Mrs. K. B. Edsall. New York Public Library-Mr. Stark. New York State Museum-Dr. W. N. Fenton. Philbrook Art Center-Mrs. J. Snodgrass. Smithsonian Institution: Bureau of American. Ethnology-Dr. F. H. H. Roberts, Jr., Dr. W. C. Sturtevant, Mrs. M. C. Blaker. U. S. National Museum-Dr. F. M. Setzler, R. A. Elder. University of New Mexico-Dr. F. C. Hibben, Dr. M. Lambert. Mrs. Fred Block. Miss Laura Gilpin. Mr. Barney Burstein, Co. L. H. Frohman.

Das Bild auf Seite 183 und sein Titel wurde mit freundlicher Genehmigung der Familie Denman dem Buch „The Peyote Ritual" von Monroe Tsa Toke entnommen. © 1957 by Frau Leslie Van Ness Denman. Die Karten auf den Seiten 26, 44, 62, 80, 104, 142, 170, 192, 232 zeichnete Elmer Smith.

Chuck Abbot / Rapho Guillumette: 114/115.
American Museum of Natural History: 81, 86, 92, 98/99, 194/195, 200/201, 212, 219 unten, 228/229.
Arizona State Museum: 13, 20 unten, 105, 110, 111, 112, 137.
Bethlehem Steel Company, Inc.: 236.
Dr. Block Color Productions, Inc.: 23 oben und unten links, 25 links, 65 unten, 209, 217.
British Museum: 27.
Brooklyn Museum Collection: 203.
Barney Burstein: 36/37, 41, 78, 82/83, 93 unten, 204 oben, 205.
Canadian National Railways: 3, 212.
Denver Art Museum: 216 oben.
Dexter Press: 30/31, 244/245, 141, 248.
Mrs. Charles Dietrich: 132/133, 134.
Louis H. Frohman: 128/129, 156/157, 161 unten.
Gilcrease Institute, Tulsa: 166/167.
Laura Gilpin: 244, 117, 118, 119 oben, 121, 238, 241 oben, 250.
A. C. Hector: 138.
Kennedy Galleries, Inc.: 143, 150, 162/163.
Laboratory of Anthropology: 126.
Ben Lewis: 243.
Library of Congress: 76, 78/79.
Los Angeles County Museum: 190.
Ray Manley: 9 oben, 108/109, 111, 112, 137, 234/235.

Register

Die *kursiven* Seitenzahlen verweisen auf Abbildungen